Ulrich Horstmann
Gerald Mann

BARGELDVERBOT

Alles, was Sie über die
kommende Bargeldabschaffung
wissen müssen

FBV

Bibliografische Information der Deutschen Nationalbibliothek:
Die Deutsche Nationalbibliothek verzeichnet diese Publikation in der Deutschen Nationalbibliografie. Detaillierte bibliografische Daten sind im Internet über http://dnb.d-nb.de abrufbar.

Für Fragen und Anregungen:
info@finanzbuchverlag.de

1.Auflage der aktualisierten und erweiterten Neuausgabe 2020

Nymphenburger Straße 86
D-80636 München
Tel.: 089 651285-0
Fax: 089 652096

Die Autoren schließen Haftungsansprüche jeglicher Art aus. Für die private Vermögensverwaltung und Geldanlage ist jede Person und vor allem jeder Leser dieser Publikation selbst verantwortlich. Jeder Anleger muss sich über Finanzprodukte und deren Risiken informieren. Die in diesem Buch gegebenen Informationen sind zwar durch umfassende Recherchen gestützt, dennoch sind Fehler nicht auszuschließen. Die Autoren übernehmen keinerlei Haftung für Schäden, die aus den in diesem Buch gegebenen Hinweisen entstehen.

Redaktion: Jordan T.A. Wegberg, Matthias Michel
Korrektorat: Sonja Rose
Umschlaggestaltung: Maria Wittek, München
Umschlagabbildung: unter Verwendung von iStock-Bildern
Satz: Stephen Volkmer, Röser Media
Druck: CPI books GmbH, Leck
Printed in Germany

ISBN Print 978-3-95972-214-8
ISBN E-Book (PDF) 978-3-96092-397-8
ISBN E-Book (EPUB, Mobi) 978-3-96092-398-5

Friedrich August von Hayek und George Orwell gewidmet.

»Ein vollelektronisches Geldsystem – völlig transparent, ohne jeglichen Schutz der Privatsphäre bei Transaktionen und mit dem ständigen Risiko einer Enteignung durch den Staat – bedeutet, dass Geld kein privates Eigentum mehr sein wird. Der Weg in die Hölle ist mit guten Absichten gepflastert.«

Andreas Höfert: »Die Hölle ist bargeldlos«, *Die Weltwoche*, Ausgabe 27/2014, www.weltwoche.ch

Inhalt

Über dieses Buch

Dieses Büchlein zum Thema Bargeldabschaffung will den Leser aufrütteln. Welche Folgen hätte eine Bargeldabschaffung? Ist dieser Schritt alternativlos? Welche Motive sind für den Bargeldentzug maßgeblich? Geht es »nur« um die Bekämpfung von Kriminalität und um das Stopfen von Steuerschlupflöchern? Oder geht es um weit mehr? Um den Verlust einer liebgewonnenen Freiheit etwa? Wenn der Sparstrumpf überflüssig würde, welche Notkassen-Alternativen gäbe es dann für die Wechselfälle des Lebens? Kann ein Bank Run vollständig vermieden werden, wenn das Bargeld abgeschafft ist? Fragen über Fragen.

Nach der Abschaffung der Zwangsbewirtschaftung kurz nach dem Zweiten Weltkrieg sind heute die technischen Möglichkeiten dazu vorhanden, sämtliche Finanzflüsse zu steuern. Es bedarf keiner Bezugsscheinsysteme mehr, die früher in Notzeiten eingeführt wurden. Mithilfe der Elektronik wird gewünschtes Verhalten belohnt, unliebsame Transaktionen hingegen werden mit Gebühren und Steuern belegt oder gar gänzlich unterbunden.

Verkaufsplattformen, Kartendienstleister, Banken und nicht zuletzt der Staat profitieren finanziell. Diese »Masters of the Universe« können enteignende Zwangsmaßnahmen elektronisch einleiten, steuern und überwachen. Die Manipulation des Kundenverhaltens könnte sogar individuell erfolgen. So könnte die Chipkarte – selbstverständlich zu Ihrem eigenen Schutz – den Kauf bestimmter Waren verbieten. Der Verbraucher ist dann nicht mehr König, sondern – wie der Steuerzahler – gläsern. Mit diesen »gelenkten Kunden« werden weitere Umverteilungsspielräume geschaffen.

Wir alle, ob als Geldanleger, Konsumenten oder Steuerzahler sollten die Chancen und Risiken des elektronischen Geldes kennen. Anhand dieses Buches sollen auch die, nach unserem Ermessen, besseren Alternativen zum staatlichen Zwangsgeldsystem diskutiert werden. Noch ist Zeit, politischen Widerstand gegen die Bargeldabschaffung zu organisieren. Wenn diese aber einmal erfolgt ist, sind vollendete Tatsachen geschaffen. Wer erst dann die vermeintlichen Errungenschaften einer bargeldlosen Wirtschaft in Frage stellt, wird ins gesellschaftliche Abseits befördert.

Ein solcher Bürger decke, so wird dann argumentiert werden, kriminelles Handeln und Steuerhinterziehung. Papierscheine seien bakteriell verseucht, dies ist bereits in Schweden kampagnenmäßig verbreitet worden. Größere Noten, die als erstes aus dem Verkehr gezogen werden, seien Symbole der Unterwelt und einer dubiosen »Schattenwirtschaft«, die es zu bekämpfen gelte. Die Sprachregelungen zur Durchsetzung des gläsernen Zahlers sind längst gefunden.

Die Vorteile des reinen Plastikgeldes werden gepriesen. Es sei sicher, einfach und innovativ. Wenn Zweifel aufkommen oder sich sogar Widerstand regt, wird der fragwürdige Schritt der Bargeldabschaffung als alternativlos verkauft. »Alternativlos«, das ist der aktuelle Ausdruck für »basta«. Propaganda ersetzt das Argumentieren. Und ein Bank Run wird organisatorisch ausgeschaltet, die schleichende Enteignung wird noch unauffälliger vonstattengehen.

Dr. Ulrich Horstmann Prof. Dr. Gerald Mann

Vorwort zur 1. Auflage

Trotz Niedrigzinsumfeld hält sich die Konsumlaune in der Eurozone in engen Grenzen. Die Bürger der Eurozone sparen unbeeindruckt weiter und haben mittlerweile Guthaben von über sechs Billionen Euro angehäuft. Damit die Sparlust eingedämmt und wünschenswerte Sonderkonjunktur losgetreten werden könnte, müssten Zinsen und Renditen noch weiter, auch sehr deutlich unter null fallen. Das wäre allerdings der Untergang unseres bekannten Banksystems. Um keinen Zinsnachteil zu erleiden, käme es zu einem Bank Run, einer Schlacht der Sparer um das wenige Bargeld, das nur noch einen geringfügigen Anteil an der gesamten Geldmenge des Euro-Währungsraums ausmacht. Ist damit der volkswirtschaftliche Charme von flächendeckend negativen Zinsen für alle Zeit ausgeschlossen? Nein, nicht wenn der nächste Strukturbruch der Geldpolitik kommt: Die Abschaffung des Bargelds! Dann lassen sich deutlich negative Zinsen durchsetzen und märchenhafte Wirtschaftsaufschwünge erreichen, ohne Folgeschäden befürchten zu müssen.

Sie halten das für utopisch? Hätten Sie vor 2008 jemals gedacht, dass die Stabilitätskriterien in der Eurozone zerschlagen werden wie Porzellan auf einem Polterabend? In der (Geld-)Politik ist es doch immer dasselbe: Zunächst sind Visionen utopisch, undurchführbar, unmöglich und am Ende logisch, selbstverständlich, alternativlos. Oder besser ausgedrückt: Was nicht passt, wird passend gemacht. Nicht zuletzt wäre der gläserne Bankkunde damit endlich Realität. Verkauft wird uns die Papiergeldlosigkeit anders: Nie mehr Steuerhinterziehung, Schwarzarbeit oder Drogenkriminalität. Na, wenn das keine Mega-Alibis für die Abschaffung des Bargelds sind. Reden wir jetzt immer noch von Utopie oder schon von Perspektive?

Robert Halver

Schöne neue Welt ohne Bargeld?

Anfang 2016 forderte Finanzminister Wolfgang Schäuble eine Begrenzung von Bargeldzahlungen auf maximal 5.000 Euro. Die Europäische Zentralbank erwägt, die 500-Euro-Note abzuschaffen. Und die EU-Finanzminister diskutieren eine einheitliche Obergrenze für Zahlungen in der Europäischen Union.

Mich überrascht, wie schnell nun der Einstieg in die orwellsche Schreckensvision erfolgt. Das Thema Bargeldabschaffung kam erst 2014 auf. Der bekannte amerikanische Ökonom Kenneth Rogoff hielt am ifo-Institut in München einen Vortrag, in dem er auch die Abschaffung des Bargelds vorschlug und die Vorteile einer bargeldlosen Wirtschaft anpries. Bargeld, so Rogoff, würde die Kriminalität begünstigen. Ohne Bargeld könne man Kriminalität wesentlich besser bekämpfen. Auch Negativzinsen könnten besser durchgesetzt werden. »Papiergeld ist das entscheidende Hindernis, die Zinsen weiter zu senken«, so der bekannte Krisenökonom. Vor kurzem hat Mark Carney, Gouverneur der Bank of England, als erster Notenbankpolitiker die Abschaffung des Bargelds gefordert.

In Skandinavien ist der bargeldlose Zahlungsverkehr weitaus stärker verbreitet als in unseren Breitengraden. Das Gründungsmitglied der Gruppe ABBA, Björn Ulvaeus, rief nach einem Selbstversuch ohne Bargeld die Schweden zum kollektiven Bargeldverzicht auf. Pikantes Detail: Das ABBA-Museum in Stockholm akzeptiert nur noch Kartenzahlungen. Und ein bedeutender Sponsor des Museums war Mastercard.

Was so als schöne, neue, bequeme Welt ohne Kriminalität daherkommt, erweist sich bei näherem Hinsehen als Schreckensvision der totalen Überwachung. Ohne Bargeld sind wir restlos manipulier- und steuerbar. Stellen Sie sich vor, Sie hätten sich politisch unbeliebt gemacht: Kein Problem, Ihr Konto wird gesperrt. Oder man sperrt Ihnen nur einige wenige Ausgaben. Alkoholikern könnte man an der Supermarktkasse einfach den Kauf von Alkohol verbieten. Das klingt gut, aber genauso könnten Sie jedem anderen an jeder Stelle den Kauf jeder beliebigen Ware verbieten. Zwangswirtschaft ist meistens auch Kriegswirtschaft. Bereitet sich der »Westen« (was ist das?) auf einen Krieg vor?

Die bargeldlose Welt macht es auch viel einfacher, Steuern und Zwangsabgaben zu erheben. Die Bürger können sich dann noch schwerer wehren. Es geht noch weiter: Wenn Bargeld als legales Zahlungsmittel abgeschafft oder in Randzonen verdrängt wird, ist die Preistransparenz weitgehend Makulatur. Jeder Großkonzern kann dann für seine Produkte eine eigene Währung und eigene Maßeinheiten oder Bezeichnungen schaffen.

Es wird dann sehr schwer, Preise verschiedener Waren – sagen wir Kaffee von Nestlé, Jacobs und Unilever – zu vergleichen, weil es dann keinen echten Markt mehr gibt. Da man auch schwer von einer Konzernwelt in die andere wechseln kann, ohne erworbene Vorteile oder Rabatte aufzugeben, würde die Vergleichbarkeit bald völlig fehlen. Mehr und mehr werden dann die Menschen Eigentum einer oder mehrerer Konzerngruppen, wie es sich jetzt bei den Bonuskarten schon abzeichnet.

Deshalb müssen auch die als Retter gefeierten Anbieter alternativer Bezahlungssysteme kritisch hinterfragt werden.

Eine allgemein akzeptierte, sichere Währung ist ein öffentliches Gut, dass jedem Bürger – auch den Benachteiligten – offenstehen sollte, ohne dass er mit Kosten belastet wird. Die Deutsche Bundesbank hat viele Jahrzehnte dafür gesorgt, dass dies so war.

Mit Bargeld können Sie sicher und kostenfrei (!) bezahlen. Es ist die Aufgabe des Staates, dieses öffentliche Gut zu sichern und nicht private Konzerne daran mitverdienen zu lassen.

Wahrscheinlich wird Bargeld nicht komplett abgeschafft. Es reicht aber, wenn alle Zahlungen, sagen wir über 1.000 Euro, per Überweisung zu erfolgen haben, wie es jetzt schon ähnlich in Italien der Fall ist. Dann sind substanzielle ökonomische Transaktionen mit Bargeld nicht mehr möglich. Die Befürworter des Überwachungsstaates hätten ihre Ziele erreicht.

Ich bin entsetzt, wie sehr unsere führenden Politiker in der Regierungskoalition die Gesetze mit Füßen treten. Wie sie unsere Freiheit vernichten, Jahr für Jahr ein Stück mehr. Und wie sie die Bürger ignorieren und die Realität verleugnen. Wie sie als skrupellose Apparatschiks agieren. Das erinnert an die Spätphase der DDR, nur dass es vielleicht kein Happy End geben wird.

Prof. Dr. Max Otte, im Februar 2016

Neues, aktualisiertes Vorwort (2019)

Als unser Buch 2015 erstmals erschien, erhielten wir Kommentare wie diesen: »*Eine Bargeldabschaffung, das kommt sowieso nicht … und in Deutschland schon gar nicht.*« Der Buchtitel »Bargeldverbot« schien viel zu reißerisch zu sein und reinen Absatzinteressen zu dienen. Wir wurden von nicht wenigen nicht ganz ernst genommen, manche hielten das sogar für eine »Verschwörungstheorie«, eine oft zu beobachtende Abwehrhaltung, wenn man nicht diskutieren oder »über den Tellerrand hinausdenken« will. Jetzt sind wir weiter. Viel weiter.

Inzwischen wird offener denn je für ein Zurückdrängen des Bargelds plädiert. Es ist weit mehr als »Nudging«, das unauffällige Schubsen, um das gewünschte Verhalten zu erreichen. Die Verdrängung erfolgt zunehmend durch

- elektronische Zahlungssysteme (*Amazon Pay, Apple Pay, Google Pay, PayPal, WeChat* und Co.). Einzelhandelsketten wie Lidl und Edeka planen die Einführung von neuen mobilen Bezahlmöglichkeiten. Die Supermarktkette Amazon Go kommt schon ganz ohne Bezahlterminals aus, nur am Eingang müssen wir uns mit einem »QR-Code« anmelden. Dann soll nächstes Jahr auch noch Facebooks Digitalwährung *Libra* kommen, aber dazu später mehr.
- steigende Gebühren beim Bargeldabheben.
- offene Verweigerung der Bargeldannahme.

So ist eine unverhohlene Ausgrenzung der vermeintlich »ewig gestrigen« Bargeldfreunde zu beobachten. Es häufen sich Berichte, dass in vielen Geschäften kein Bargeld mehr akzeptiert wird – insbesondere in den USA. Dadurch kommen Personen ohne Kreditkarte oder eigenes Konto nicht mehr zum Zuge. Ihnen wird so die Teilhabe am Wirtschaftsleben verwehrt. Sie wären dann die Hauptverlierer bei der digitalen Revolution, zu der vermeintlich auch die »Befreiung vom Bargeld« unserer Gesellschaften gehört. Das ist heuchlerisch und eben nicht »inklusiv«. Der von Bargeldgegnern benutzte Begriff »Finanzielle Inklusion« ist desinformierend und irreführend. Zwar lässt sich die Einbindung in das Finanzsystem mit Kreditkarten oder Handys positiv verkaufen, es geht aber auch um den Bargeldentzug. Das Ziel ist die Einbindung in überwachbare Bezahlformen, die bei Flüchtlingen und in Schwellenländern wie Indien getestet wird.

Schritt für Schritt werden so Fakten geschaffen. Bargeld wird aus unserem Alltag immer mehr verbannt. Das Thema brennt den Menschen auf den Nägeln, während eine Diskussion in den Medien viel zu selten erfolgt. Boulevardzeitungen warnen zwar durchaus schon einmal davor, dass das Bargeld abgeschafft werden könnte, aber die meisten Menschen begegnen solchen Hinweisen, indem sie sie ignorieren, verdrängen oder allenfalls im befreundeten Umfeld die zunehmenden Sorgen artikulieren. Dies zeigt: Die Unkenntnis und die Bequemlichkeit der Bürger werden genutzt und gezielt geschaffen.

Wir gehörten zu den Ersten, die in Deutschland vor einer Bargeldabschaffung warnten. Inzwischen sind wir viel weiter, der »War on Cash« wird zunehmend siegreich geführt. In diesem »Krieg gegen das Bargeld« haben die Bargeldgegner schon viele Schlachten gewonnen. Uns scheint unser damals konzipiertes Buch aktueller denn je zu sein.

Es schreitet voran – ist es nicht mehr aufzuhalten?

Die neue Ungeduld der Bargeldgegner ist leicht erklärbar. Die Gründe sind vor allem:

1. **Zunehmend tiefer gesetzte Negativzinsen** lassen es immer unattraktiver erscheinen, das eigene Geld auf dem Konto zu belassen. Wir bekommen in den USA und auch in der EU »japanische Verhältnisse«, das heißt Dauerniedrig-, ja sogar Negativzinsen. Um das abzusichern, damit niemand nennenswert Kapital abzieht, muss auch noch die Bargeldnutzung massiv eingeschränkt werden.
2. **Mit den tiefer gesetzten Negativzinsen steigen die Gewinnaussichten digitaler Plattformkonzerne zu Lasten von traditionellen Banken, deren finanzielle Spielräume sinken.** Verbesserte Zahlungsverkehrstechniken und die Interessenlagen international agierender Tech-Konzerne sprechen für eine möglichst schnelle Durchsetzung einer globalen *cashless society*. Sie müsste aus Sicht der Plattformkonzerne möglichst weltweit nach den gleichen Regeln funktionieren. Staaten würden so mehr und mehr überflüssig. Digitalwährungen wie der von Facebook in Aussicht gestellte *Libra* werden für staatliche Geldanbieter eine Konkurrenz mit »Abräumerqualitäten«. Die Regierungen von Staaten können zunehmend unter Druck geraten und manche werden, wie etwa Venezuela, ein eigenes elektronisches Geld anbieten. Ihnen ist die Konkurrenz durch besseres Geld lästig. Regierungen dagegen, die besser wirtschaften

und »die nichts zu verbergen« haben, belassen ihren Bürgern ihre Freiheitsrechte und verhalten sich demokratiekonform. Dort wird das Geld seinen Eigentumscharakter nicht verlieren. Die Schweiz beispielsweise hält am Bargeld fest, auch an seinem inzwischen legendären 1.000-Franken-Schein, der 2019 erneuert wurde (er macht ebenfalls Sorgen, da er mit den fallenden Zinsen immer beliebter wird, vgl. Daniel Zulauf: »Die 1000-Franken-Note wird zum Problem«, Börsen-Zeitung, 20.07.2019, S. 6). Das schließt auch ergänzend die Zulassung von elektronischem Geld nicht aus. Ein fairer Geldwettbewerb nutzt den Bürgern, nicht den hochverschuldeten Staaten.

Mythen, mit denen die Bargeldgegner verstärkt desinformierend unterwegs sind, lauten unter anderem:

- **Bargeld dient der Kriminalität!** Durch eine Abschaffung wäre sie nicht beseitigt, allenfalls in geringem Maße (und vermutlich nur temporär) reduziert. Es gibt Alternativen, wenn es darum geht, Einnahmen aus illegalen Geschäften zu transferieren (z. B. über Mittelsmänner und falsche Identitäten). Sich Anonymität zu sichern, geht auch ohne Bargeld. Erfreulicherweise hat eine von Heike Mai, Deutsche Bank Research, erstellte Studie die Legenden rund um das Bargeld einem professionellen »Reality Check« unterzogen. Es lohnt, die Studie zu lesen (»Bargeld, Freiheit und Verbrechen«, 12.01.2017, hier insbesondere S. 1 und S. 12). Kriminalität passt sich den technischen Gegebenheiten an (Jochen Metzger, Leiter des Zentralbereichs Zahlungsverkehr und Abwicklungssysteme bei der Bundesbank:

»Nichts davon könnte man verhindern, indem man Bargeld abschafft« ... »Wer das Bargeld zurückdrängt, verhindert höchstens Kleinkriminalität. Aber selbst die wird neue Wege finden«, zitiert aus Lisa Nienhaus, Jens Tönnesmann: »Das Ende des Bargelds – Ökonomen, Banker und Politiker wollen Münzen und Scheine zurückdrängen. Zeit, sich zu wehren«, zeit.de, 21.06.2017). Damit wäre auch die Idee von Gerrit Stehle, Geschäftsführer der Venture-Capital-Gesellschaft Elephant & Castle, die Seriennummern von Geldscheinen im Netz für polizeiliche Ermittlungszwecke zu verwenden, nicht problemlösend (C. Siedenbiedel: »Die Digitalisierung des Bargelds«, FAZ vom 28.06.2019, S. 25).

- **Bargeld dient der Steuerflucht!** Auch hier gibt es andere Formen der Verschleierung. Das Argument überzeugt genauso wenig wie die vermeintliche Verhinderung von Kriminalität. Es gibt auch hier genug alternative Transfermöglichkeiten, um Vermögenswerte illegal zu verschieben und damit den Steuerbehörden vorzuenthalten. Digitales Geld lässt sich auch in Steueroasen verbringen, wenn die Besitzverhältnisse und/oder die Herkunft des Geldes vertuscht und mithilfe auch krimineller Mittelsmänner und einer Vielzahl von nicht mehr nachvollziehbaren elektronischen Transaktionen »gewaschen« wird (vgl. Norbert Häring: *Schönes neues Geld*, Frankfurt am Main 2018, S. 15). Dazu Jochen Metzger (s. o.): »Die großen Fälle, in denen Deutsche ihr Geld in Steueroasen versteckt haben, das lief nie über Bargeld, sondern immer elektronisch.« (zitiert aus zeit.de, 21.06.2017, s. o.)
- **Bargeld erleichtert Geldwäsche und Terrorfinanzierung!** Auch hier gibt es Alternativen, wenn es kein Bargeld mehr

geben würde. Die diskutierte Begrenzung von Edelmetallkäufen mit Bargeld zeigt zwar, dass der Staat auch andere Möglichkeiten der Wertsicherung und Übertragung zunehmend verunmöglichen will. Dieses »Katz-und-Maus-Spiel« wird sich dann auf andere Ebenen verlagern. Mit der Bargeldabschaffung wäre auch hier nachhaltig nichts gewonnen.

- **Jugendliche sind für eine bargeldfreie Welt!** Insbesondere in Schweden liefen scharfe Kampagnen gegen das Bargeld, z. B. »Bargeldlos jetzt«. Zur Diskreditierung der Bargeldnutzer schien fast jedes Mittel recht. So wurde folgende Irreführung verbreitet: »Bargeld braucht nur noch deine Oma – und der Bankräuber« (vgl. Sebastian Balzter: »Kampagne für bargeldlose Gesellschaft«, faz.net, 02.11.2010). Inzwischen ist zumindest die schwedische Regierung wieder zurückgerudert.

  Jüngere Menschen erkennen genauso die Gefahren, die von einer konzertierten Aktion der von der Abschaffung profitierenden kommerziellen Dienstleister und staatlichen Stellen ausgeht. Doch gerade die Jugend steht im Fokus der Bargeldgegner und ihrer Umerziehungskampagnen.

  Wie immer schon, setzen Veränderer der Gesellschaft auf die Jugend. Das ist bei allen sozialistischen Regimen zu beobachten gewesen. Die alte und vermeintlich überkommene Welt wird lächerlich gemacht. Im Zuge der medialen Aufmerksamkeitslenkung setzt man auf die stärkeren Formungsmöglichkeiten junger Menschen und spielt die Generationen gegeneinander aus: Alte »bremsen nur« und »verstehen ohnehin nichts« von den neuen, smarten Möglichkeiten, so das Wording vieler Bargeldgegner. Die neu-

en »Umerzieher« sind nicht nur in der Politik zu suchen, sondern auch bei den kommerziellen Gewinnern. Viele kritische Jugendliche haben resigniert nach dem Motto: »Die machen sowieso, was sie wollen!« Es wird so getan, als wäre Bezahlung mit dem Smartphone Teil der großstädtischen Hipster-Kultur – global, weltoffen und schnell/effektiv, für Innovationen offen.
Die Realität sieht ganz anders aus: Auch Jugendliche nutzen eher Bargeld als Handys oder Kreditkarten, ihr finanzielles Verhalten unterscheidet sich nicht nennenswert von dem der Eltern (Ergebnisse des zweiten W^2 Jugend-Finanzmonitors, Bezahlverhalten, vgl.: »Jugendliche vertrauen auf Bargeld und wünschen sich finanzielle Bildung«, cash-online.de, 25.06.2019). Der Jugend blüht nicht das »Paradies neuer Möglichkeiten«, sie muss sich auf immer mehr Einschränkungen einstellen, wenn sie in die »Digitalgeldfalle« getappt ist. Überraschend titelte das mit dem *Spiegel* verlinkte Jugendmagazin *bento*: »Bargeld verstecken? Warum junge Menschen zu Hause Geld bunkern« (bento.de, 28.07.2019).

- **Bargeld überträgt Krankheiten**! Das ist sicher richtig, es ist ein Bakterienträger. Plastikgeld ist da im Vorteil und das Bezahlen per Handy auch. Da wir aber nicht in einer keimfreien Welt leben und andere Übertragungswege für Infektionen (z. B. durch Husten in der U-Bahn, ohne dabei die Hand vor den Mund zu halten) viel relevanter sein dürften, ist dieses Argument vernachlässigbar. Man fragt sich angesichts dieser Anti-Bargeld-Agitation: Wie lange wird es noch dauern, bis Bargeldnutzer als »Proliferateure von Biowaffen« gebrandmarkt werden?

- **Bargeld ist nicht klimaneutral und schlechter als die elektronischen Alternativen!**
  Das ist das neueste Totschlagargument der Befürworter einer Bargeldabschaffung. Und wenn auch sonst alle Argumente nicht wirklich überzeugen, dann muss der Schutz des Weltklimas herhalten. Dazu gibt es natürlich auch schon Studien. Barzahlungen sind im Vergleich zu Kartenzahlungen nach einer Studie der niederländischen Zentralbank weniger gut fürs Klima (dnb.nl, 09.10.2018[1]). Überrascht Sie das noch? Elektronisches Geld ist auch nicht klimaneutral. Der Energieaufwand wird sich hier absehbar vergrößern, während Bargeld auch künftig ohne große Rechenzentren funktionsfähig bleibt.

Die Entwicklung in den letzten drei Jahren zeigt die gestiegene Abschaffungsdramatik. Immer offener wird das Bargeld diskreditiert oder cashfreie Alternativen werden in Aussicht gestellt.

04.05.2016	EZB-Beschluss zur Einstellung der Herstellung und Ausgabe von 500-Euro-Scheinen (ecb.europa.eu, 04.05.2016[2]).
08.11.2016	Der indische Premierminister Narendra Modi ließ die 500- und 1.000-Rupienscheine entwerten mit dem Ziel, eine bargeldlose Gesellschaft zu errichten (dw.com, 08.11.2016[3]).

11.12.2016	Der venezolanische Staatspräsident Nicolás Maduro Moros gab bekannt, dass der 100-Bolivar-Schein nicht mehr als Zahlungsmittel akzeptiert wird (tachira.gob.ve, 11.12.2016). Nach heftigen Protesten musste die Regierung schließlich wieder zurückrudern (faz.net, 18.12.2016[4]).
Juni 2017	Anonyme Barzahlungen über 10.000 Euro sind in Deutschland mit der Umsetzung der vierten EU-Geldwäscherichtlinie in deutsches Recht nicht mehr erlaubt. Vorher lag die Grenze bei 15.000 Euro. Insbesondere Goldinvestoren und Goldhändler wurden durch die Neuregelung verunsichert, sie fürchten sich vor einem Verbot des persönlichen Goldbesitzes (Christian Siedenbiedel: »Anonyme Barzahlungen nur noch bis 10.000 Euro«, faz.net, 26.06.2017[5]).
Sept. 2017	Erster Bericht zur Einführung einer e-krona in Schweden (Eva Julin, Projektmanagerin, u. a.: »The Riksbank's e-krona project«, Report 1, riksbank.se, Sept. 2017[6]).
Jan. 2018	Erster Amazon-Go-Laden für die Öffentlichkeit in Seattle (zeit.de, 22.01.2019[7]).
20.02.2018	Einführung einer eigenen staatlichen Kryptowährung Petro in Venezuela, die angeblich mit den Rohöl-Reserven des Landes besichert ist (nm/hb (afp, rt), 20.12.2018[8]).
April 2018	Berichte über eine Bargeldknappheit in Indien, Geldautomaten würden oft kein Geld mehr ausgeben (Christoph Hein: »Ebbe an indischen Geldautomaten«, FAZ, 23.04.2018, S. 17[9]).

27.08.2018	IWF-Studie von Katrin Assenmacher und Signe Krogstrup, in der angesichts steigender Negativzinsen Bargeldentwertungsvarianten analysiert werden. Ohne eine finanzielle Belastung des Bargelds wäre eine Auflösung der schwindenden Bankguthaben naheliegend (imf.org, 27.08.2018[10]).
09.10.2018	Nach einer Studie der niederländischen Zentralbank sind Barzahlungen im Vergleich zu Kartenzahlungen klimaunfreundlich, sie verursachen danach pro Transaktion einen höheren Ausstoß an CO_2 (dnb.nl, 09.10.2018[11]).
Okt. 2018	Zweiter Bericht zum e-krona-Projekt der Schwedischen Reichsbank (Eva Julin, Projetmanagerin, u. a.: »The Riksbank's e-krona project«, Report 2, riksbank.se, Okt. 2018[12]).
Okt. 2018	In der kanadischen Nationalbank wird die Grundsatzfrage erörtert, ob man Bargeld in Zeiten elektronischen Geldes überhaupt noch braucht (bankofcanada.ca, Oktober 2018[13]).
14.11.2018	Christine Lagarde, designierte EZB-Chefin, fragte in ihrer Rede in Singapur, wer in 10, 20 oder 30 Jahren noch Papierscheine austauschen will. Außerdem wies sie auf den Vorteil hin, dass bei einem Ansturm auf Banken bei Digitalwährungen im Gegensatz zum Bargeld jeder gleichbehandelt werden kann. Nicht der »frühe Vogel fängt dann den Wurm«, bei Digitalwährungen können wir demnach alle ruhig auf der Couch liegen bleiben (imf.org, 14.11.2018[14]).

05.02.2019	IWF-Blogbeitrag von Ruchir Agarwal und Signe Krogstrup (Bezug IWF-Studie vom 27.08.2019, s. o.), in dem sie auf den Vorteil von Bargeldlosigkeit hinweisen, um Negativzinsen durchzusetzen (z. B. das Zinsniveau von –2% auf –4% senken), um eine schwere Rezession zu bekämpfen. Falls es durch die hohe Verbreitung in vielen Ländern dennoch beibehalten würde, könnte man Bargeld und elektronisches Geld (E-Geld) parallel weiterführen. Bargeldhaltung könnte mit Strafzinsen belegt und über den Umtauschkurs mit E-Geld entsprechend dem herrschenden Negativzins abgewertet werden (Cashing In: »How to Make Negative Interest Rates Work«, imf.org, 05.02.2019[15]). Dazu Hans Werner Sinn: Wenn sich der IWF-Vorschlag durchsetzte, »Dann wäre es für Deutschland Zeit, den Euro aufzugeben« (zitiert aus dem ebenso betitelten Artikel von Olaf Gersemann, welt.de, 11.02.2019[16]).
27.02.2019	SNB-Studie von Katrin Assenmacher, Franz Seitz und Jörn Tenhofen: über die zunehmende Nutzung des 1.000-Franken-Scheins zur Wertaufbewahrung (»The Demand for Swiss Banknotes: Some New Evidence«, SNB Working Papers 2/2019, 27.02.2019[17]).
07.03.2019	Philadelphia verbietet Bargeldverbot: »Geschäfte müssen auch künftig Bargeld als Zahlungsmittel entgegennehmen und können nicht darauf bestehen, dass ihre Kunden mit Debit- und Kreditkarten oder mit E-Payment-Diensten bezahlen« (Christiane Hanna Henkel: »Philadelphia verbietet Bargeldverbot«, nzz.ch, 07.03.2019[18]). Damit leistet die Stadt einen wichtigen Beitrag zur Inklusion sozial Randständiger.
18.06.2019	Paukenschlag! Facebook verkündet seinen Plan, 2020 sein Digitalgeld *Libra* einzuführen (cnbc.com, 18.06.2019[19]).

02.07.2019	Meinungsbeitrag von Frank Wiebe, in dem er die Abschaffung des 100-Euro- Scheins befürwortet (handelsblatt.com,02.07.2019[20]).
05.07.2019	Der venezolanische Präsident Nicolás Maduro Moros, ordnet an, dass die eigene Zentralbank Banco de Venezuela den Petro akzeptieren muss (Phillip Horch, btc-echo.de, 05.07.2019[21]).
09.07.2019	Nach einem Referentenentwurf aus dem Bundesfinanzministerium soll eine Bargeldobergrenze von 2.000 Euro für anonyme Käufe von Edelmetallen eingeführt werden (Christian Siedenbiedel, Manfred Schäfers: »Mit Bargeld Gold kaufen? Nur bis 2000 Euro!«, FAZ, 10.07.2019, S. 23).
15.07.2019	IWF-Studie von Tobias Adrian und Tommaso Mancini-Griffoli, in der auf die disruptiven Wirkungen der neuen Digitalwährungen hingewiesen wird, Bargeld und Bankeinlagen geraten danach unter Konkurrenzdruck (»The Rise of Digital Money«, imf.org, 15.07.2019[22]).
25.07.2019	»Der EZB-Rat geht davon aus, dass die EZB-Leitzinsen mindestens über die erste Hälfte des Jahres 2020 und in jedem Fall so lange wie erforderlich auf ihrem aktuellen oder einem niedrigeren Niveau bleiben werden, um eine fortgesetzte nachhaltige Annäherung der Inflation an sein Ziel auf mittlere Sicht sicherzustellen.« (ecb.europa.eu, 25.07.2019[23])

Chronologie des »War on Cash« seit der letzten Neuauflage 2016

Mit dem oben zitierten Statement (am 25.07.2019) bereitet die EZB die Öffentlichkeit auf weitere Zinssenkungen vor. Sogar eine Wiederaufnahme der Anleihekäufe erscheint wieder möglich. Auch die US-Notenbank Federal Reserve (Fed) hat nach ihrer Sitzung am 31.07.2019 eine Zinswende nach unten eingeleitet. Ein Signal, dass einen internationalen Wettlauf um die niedrigsten Zinsen einläuten könnte. Ein solcher »Geldsozialismus« (Roland Baader) wäre Gift für das Bargeld. Wenn es schlecht für uns läuft, kommt es zu einem »Negativzinskrieg«, der gleichbedeutend mit einem »Enteignungskrieg« gegen die Bürger wäre. Kleinsparer würden noch schneller verarmen, das Bargeld wäre als Schutzanker gegen Negativzinsen beseitigt. Es wäre ein »Krieg« des umverteilenden Systems zur Sicherung der Pfründe von Funktionären und kommerzieller »Abzocker« zu Lasten der Bürger. Das Geldsystem dient dann nicht mehr uns, sondern den Interessenlagen umverteilender Politiker und den davon profitierenden Unternehmen. Der vom Staat abhängige »soziale Untertan«, vor dem Ludwig Erhard immer warnte, würde furchtbare Realität. Wir gehen später noch ausführlicher darauf ein. Es zeigt auch, dass die Erhaltung unbelasteten, frei verfügbaren Bargelds jetzt wichtiger denn je ist.

Wir nennen in diesem Buch eine Reihe von Argumenten, die für die Erhaltung des Bargelds sprechen. Auf folgende Aspekte möchten wir **aus aktuellem Anlass** besonders hinweisen. Denn sie gehen in der öffentlichen Diskussion oft unter. **Warum ist Bargeld jetzt wichtiger denn je?**

- **Bargeld dient der Rechtssicherheit und dem Schutz vor Willkür:** Nach § 14 des deutschen Gesetzes über die Bundesbank ergibt sich, dass auf Euro lautende Banknoten

»das einzige unbeschränkte gesetzliche Zahlungsmittel« sind. Parteien und gewählte Regierungsvertreter sollten medial wirksam darauf hinweisen, an dieser Bestimmung festzuhalten. Die EZB als Bargeldemittent hat mit der Einstellung der Produktion des 500-Euro-Scheines bereits neue Fakten gesetzt. Außerdem werden die Mitglieder des EZB-Vorstandes in einem umständlichen Verfahren von Gremien der EU gewählt. Jeder Kandidat, der in die EZB aufgenommen wird, sollte aufgefordert werden, zu versichern, dass er sich gegen die Abschaffung von Bargeld einsetzen wird. Ob das auch Frau Lagarde an der Spitze tun würde? Die verstärkte Politisierung der EZB durch die Hintertür ist zu befürchten.

- **Bargeld sichert unsere Privatsphäre und Unabhängigkeit:** Das versprechen zwar auch Kryptowährungen, sie hängen aber davon ab, dass die Technik und die notwendige Stromversorgung jederzeit funktionieren. Nicht trackbare Währungen sind grundsätzlich eine Alternative, scheitern bislang aber an der Wertstabilität, mangelnder Verbreitung (Sorge vor Hackerangriffen) und Geldverlustgefahr, wenn Sie Ihre Zugangsdaten nicht mehr verfügbar haben. Es ergibt sich für uns aber auch ein grundsätzliches Problem. Wenn wir unsere Daten freigeben und damit den professionellen Geschäftspartnern ermöglichen, uns maximal zu übervorteilen, dann ist die Digitalisierung für uns fatal. Die Gegenseite hat zu viel Macht. In einem solchen Umfeld sind wir schnell Opfer – technisch von uns selbst durch die Datenweitergabe ermöglicht. Eine solche »digitale Knechtschaft« kann durch kommerzielle und öffentliche Stellen im Verbund geschaffen werden. Zur Sicherung unserer Privatsphäre und Unabhängigkeit in einem demokratischen Rechtsstaat ist das Bargeld wichtiger denn je (vgl. Heike Mai: »Bargeld sorgt für besseren Datenschutz – und stärkt so den Einzelnen«, Deutsche Bank Research, 18.07.2019)!

- **Technische Risiken:** Noch ist das Bargeld ein besonders bequemes Zahlungsmittel. Angesichts der Gestaltungsoptionen zu Lasten des Bargelds und durch verbesserte Techniken wie kontaktloses Bezahlen durch »Near Field Communication« (»NFC«) ist ein weiteres massives Zurückdrängen zu erwarten. Alles hängt aber daran, dass die Technik funktioniert. Ausfälle können schnell zu einer Massenpanik führen. Ein Stromausfall genügt. Wir haben in der Erstausgabe des Buches bereits auf dieses besonders wichtige Argument hingewiesen.

Das Thema »Bargeldabschaffung« wird wieder »heißer«, obwohl es im Vordergrund der politischen Auseinandersetzung nicht wirklich auftaucht. Auch wenn es in Zeitungen gelegentlich schon auf die erste Seite rückt. Den Lippenbekenntnissen der Politiker und auch von Notenbankern sollten wir misstrauen, denn der wirtschaftliche Druck ist enorm angesichts des aktuellen Zinsumfeldes, das unseres Erachtens im Wesentlichen eine Folge der Finanzkrise und der Geldflutungen durch die Zentralbanken ist.

Der sich abzeichnende Währungswettbewerb könnte auch zu Lasten des staatlichen Geldes gehen. Das neue Digitalgeld funktioniert auch ohne Banken. Bürger in unterentwickelten Staaten Afrikas beispielsweise hätten Zugang zu diesem Geld. Ein riesiger Markt! Systemrelevant wäre das neue Geld von Facebook, wenn es zugelassen wird, aller Voraussicht nach von Anfang an. Wir teilen folgende Einschätzung von Achim Killer: »Der Konzern könne zu so etwas wie die Fugger des Cyberspace werden: Wenn er das Geld, das die Leute gegen *Libra* bei ihm eintauschen, in Anleihen anlegt, dann könne er ganze Staaten von sich abhängig machen.«[24] Die Interessenlagen der einflussreichen westlichen Netzdienstleister – die Allianz wird noch weiter ausgebaut – sprechen für das Facebook-Geld. Wir hätten dann, wenn man so will, »digital markierte Einflusszonen«, Indien ist beispielsweise dabei, China absehbar nicht. Dort gibt es vergleichbar kompetente Anbieter, die staatsnäher sind. Für den Anleger sind daher sowohl die Digitalplattformen aus den USA als auch die aus China interessant. Es könnten sich bei einer Vermachtung der jeweiligen Geldsysteme und der verbundenen Konzerne ethische Fragen für solche Investments stellen. Entspricht das dann noch den derzeit viel diskutierten Standards zur Sicherung der Umwelt, sozialen Verhaltens und einer guten Unternehmensführung? Wer bestimmt die Regeln? Vermutlich die einflussreichste Gruppierung und nicht wir Bürger. Darauf müssen wir uns als Anleger einstellen. Im Zweifel werden die Regulierungen zu unseren Lasten »nachjustiert«.

Auf jeden Fall ist hier etwas Revolutionäres im Gange. Wettbewerb unter Währungen wäre gut – wenn er aufrechterhalten werden kann. Voraussetzung dafür wäre keine Integration in ein zwangswirtschaftliches staatliches Überwachungssystem, das die Kommunisten in Peking anscheinend anstreben. Wenn das neue Geld, wie zu befürchten ist, »Anker einer kommerziellen Maschinerie« ist, um uns Bürger bestmöglich abzuzocken, ist das neue Geldsystem eher eine Gefahr für die bürgerliche Freiheit. Solche »professionellen Partner« lassen

Schlimmstes befürchten. Wir haben nur unsere fünf Sinne und würden Opfer einer neuen »digitalen Knechtschaft« durch Weitergabe unserer Daten und individuell gesteuerte Gewinnmaximierung durch unsere Kooperationsbereitschaft. Warnungen vor *Libra* gibt es genug, die Facebook-Währung wird sich vermutlich dennoch durchsetzen.

Auch wenn es von interessierter Seite immer wieder behauptet wird: Es gibt keine zwangsläufige Entwicklung zur Abschaffung des Bargelds. Sie ist auch nicht Ausdruck einer ganz normalen Innovation, die das Bargeld angeblich überflüssig macht. Es ist nicht »die neue Zeit«, die zu einer Bargeldabschaffung zwingt. Allein ein Stromausfall könnte ein Chaos mit Massenpanik schaffen, wenn kein Bargeld mehr existiert. Es sind auch nicht nur alte Leute, die am Bargeld festhalten, sondern verantwortungsbewusste Menschen aller Altersklassen.

Was sollen wir also tun? Wir müssen uns entscheiden! Du musst dich entscheiden (und jetzt wechseln wir zum Du, um gerade jüngeren Menschen klar zu vermitteln, worum es geht)!

Angesichts der zunehmenden gesellschaftlichen Pressionen der Bargeldgegner bist du in der Versuchung, dich ihrem Druck zu unterwerfen. Aber ist das der richtige Weg? Wenn du online aktiv bist, lieferst du Datenspuren. Nimm den Rat von Eric Schmidt, früher Chairman von Google, ernst: »Wenn es etwas gibt, von dem Sie nicht wollen, dass es irgendjemand erfährt, sollten Sie es vielleicht ohnehin nicht tun.« (zitiert aus: Christian Stöcker: »Google will die Weltherrschaft«, spiegel.de, 08.12.2009). Wenn du es sein lässt, Dinge zu tun, die andere nicht wissen sollen, und dich immer korrekt verhältst, bist du dann wirklich auf der richtigen Seite?

Sie sagen dir: Tu nichts Unanständiges mehr, denn es gibt jetzt ohnehin keine Privatsphäre in einer digitalen Diktatur. Gib deine Privatsphäre am besten »freiwillig« auf und verkünde dies stolz deinem Überwacher! Lass dich komplett tracken! Spende dein noch vorhandenes Bargeld am besten schon in den nächsten Tagen zur Rettung des Klimas. Mit der immer wahrscheinlicher werdenden Einführung eines deutschen Sozialpunkteindexes nach chinesischem Vorbild gibt es dann ordentlich Punkte. Wir haben als Deutsche hier auch Erfahrung und machen das gründlicher als anderswo. Die Schufa war ein früher analoger Vorläufer aus den 20er-Jahren des letzten Jahrhunderts. Wir Deutsche sind »Tracken« und Gängelung gewohnt.

Die Überwacher postulieren ständig: »Bleib unbedingt kreditwürdig und halte dich an alle Regeln! Wir haben die Daten und danken dir, dass du dich vom System lenken lässt und dass du berechenbar funktionierst! Kritisiere nichts mehr! Werde nur noch tätig, wenn es von dir verlangt wird. Wenn du dich nicht an die Sozialpunkte-Regeln hältst, müssen wir dich leider bestrafen.«

Wenn wir um »fünf vor zwölf«, also ganz kurz vor einer von uns befürchteten massiven und flächendeckenden Einschränkung der Zahlungsmöglichkeiten von Bargeld noch etwas machen und in einer weitestgehend freien Welt leben wollen, müssen wir jetzt alle Hebel einer demokratischen Gemeinschaft in Bewegung setzen. Dann müsstest auch du/müssten Sie mit uns für die Erhaltung des Bargelds eintreten, bevor es zu spät ist.

Beschleunigte Schritte zur Bargeldabschaffung

Als wir die erste Auflage des Buches im Frühjahr 2015 abschlossen, hatten wir nicht damit gerechnet, dass Bargeldeinschränkungen und sogar eine -abschaffung in Deutschland ernsthaft so schnell öffentlich diskutiert würden. Wir gingen davon aus, noch etwas länger Zeit zu haben, bis diese Fiktion (und als solche sehen sie viele noch heute) Realität werden könnte. Aber früher als viele andere machten wir uns Gedanken zu der freiheitseinschränkenden und umverteilenden Wirkung eines Bargeldverbots. Wir zögerten zunächst, und es waren viele gemeinsame Diskussionen notwendig, bis wir das Buch fertigstellten. Zweifel löste nicht zuletzt auch die Sicht vieler unserer Gesprächspartner aus – für sie war ein solches Verhalten unvorstellbar. Zu irreal wirkte die Abschaffung des Bargelds in einer konzertierten Aktion, wie es sich jetzt abzeichnet. Unser Buch sollte ein Weckruf sein, und diese Funktion hat es angeblich für viele auch erfüllt. Aber im Nachhinein betrachtet hätte das Buch noch klarer und schärfer auf die Gefahren einer bargeldfreien Welt hinweisen können. Das aktuelle Vorwort bietet somit eine Gelegenheit, das nachzuholen.

Im Frühjahr 2016 und damit rund ein Jahr später – sind die Aufrechterhaltung des Bargelds, die Beeinträchtigung der persönlichen Freiheit und die Durchsetzung von Negativzinsen bei einem Verbot von Cash zu vorrangigen Medienthemen geworden. Wenn sogar die Bild-Zeitung (am 08.02.2016) auf der ersten Seite in großen Lettern mit »Bürger-Wut über Bargeld-Grenze!« titelt, ist dies ein starker Indikator. Nicht nur Fachzirkel, auch die breite Bevölkerung wird endlich in die Diskussion miteinbezogen. Das beurteilen wir positiv und dies entsprach auch unserer Absicht mit dem vorliegenden Buch. Gleichzeitig zeigen die zunehmenden Verlautbarungen aus Finanzkreisen und der Politik, dass die Bargeldabschaffung von entsprechender Seite medial vorbereitet wird.

Wir haben die Eskalation des »War on Cash« seit Erscheinen des Buches in der Übersicht unten chronologisch zusammengefasst. Im Verlauf des Jahres 2015 gab es bereits weitere inländische Wortmeldungen. Neben Professor Peter Bofinger (s. u.) äußerte sich auch NRW-Finanzminister Norbert Walter-Borjans kritisch zum Bargeld (s. u.).

16.05.2015	Professor Peter Bofinger: »Bei den heutigen technischen Möglichkeiten sind Münzen und Geldscheine tatsächlich ein Anachronismus.«. Bofinger forderte die Bundesregierung auf, auf internationaler Ebene für die Abschaffung des Bargelds zu werben. Der Euroraum, die USA, Großbritannien und die Schweiz müssten das Bargeld gemeinsam abschaffen, denn sonst könnten nach Bofingers Ansicht Sparer auf andere große Währungen ausweichen. »Das wäre jedenfalls ein gutes Thema für die Agenda des G-7-Gipfels in Elmau«, sagte er (»Einfluss für Notenbanken: Wirtschaftsweiser Bofinger fordert Ende des Bargelds«, spiegel.de, 16.05.2015, Philine Lietzmann: »Von Bofinger bis Rogoff: Damit sie Strafzinsen verhängen können: Diese Experten wollen uns das Bargeld wegnehmen«, focus.de, 02.06.2015).
03.07.2015	NRW Finanzminister Norbert Walter-Borjans (SPD) forderte als einer der ersten deutschen Politiker eine Obergrenze für das Bezahlen mit Bargeld zur besseren Unterbindung von Schwarzgeldgeschäften und Steuerhinterziehung. Andere Länder hätten solche Höchstgrenzen bereits. Walter-Borjans verwies auf Italien, wo es seit längerem eine Obergrenze für Bargeschäfte von 1.000 Euro gebe. In Frankreich solle dieses Limit auf 1.000 Euro herabgesetzt werden. Wegen der anderen »Bezahlkultur« in Deutschland müsste die Grenze höher liegen – etwa bei 2.000 oder 3.000 Euro. Über diesen Betrag hinaus machten ihn Barzahlungen skeptisch. (»Walter-Borjans wird zum Bargeld-Schreck«, Handelsblatt.com, 03.07.2015).

18.09.2015	Andrew Haldane, Chefökonom der Bank von England, hat in einer Rede (»How low can you go?«, bankofengland.co.uk, 18.9.2015) auf die Nullzinsgrenze hingewiesen. Haldane schlug eine staatliche digitale Währung als Recheneinheit und Tauschmittel vor, die keinen (positiven) Zins erbringt. Durch die digitale Natur einer solchen Währung könnten so leicht und schnell negative Zinsen eingeführt werden.
21.01.2016	Nach Ansicht von John Cryan (neben Jürgen Fitschen damals Vorstandsvorsitzender der Deutschen Bank) wird Bargeld in den nächsten zehn Jahren verschwinden: »Cash ist fürchterlich teuer und ineffizient«, sagte Cryan beim Weltwirtschaftsforum in Davos. Im Rahmen der Diskussion wurde Bargeld als hilfreich für Geldwäscher und anderen Kriminelle zur Verschleierung ihrer Geschäfte angesehen (»Deutsche-Bank-Chef Cryan: Bargeld wird in zehn Jahren verschwinden«, focus.de, 21.01.2016).
26.01.2016	Finanzpolitiker der SPD machten einen Vorstoß zur Einschränkung der Bargeldnutzung und fordern eine Abschaffung der 500-Euro-Geldscheine sowie eine 5.000 Euro-Obergrenze für Bargeldzahlungen. Damit sollen, so der SPD-Abgeordnete Jens Zimmermann, »kriminelle Aktivitäten, Geldwäsche und Terrorismusfinanzierung« bekämpft werden, und er ergänzte: »Der-500-Euro Schein spielt in kriminellen und halbseidenen Milieus eine große Rolle.« (Philipp Plickert, Manfred Schäfers: »SPD will 500-Euro-Scheine abschaffen«, faz.net, 26.01.2016).
31.01.2016	Nach Ansicht der Finanzplattform Bloomberg ist Bargeld »dreckig und gefährlich, unhandlich und teuer, antiquiert und dermaßen analog« (Editorial Board: Bring On the Cashless Future, bloombergview.com, 31.01.2016).

02.02.2016	Die Bundesregierung ist laut FAZ dazu bereit, ein Bargeldlimit zu setzen: Im Bundesfinanzministerium soll ein Betrag von 5.000 Euro im Gespräch sein. Begründet wurde der Vorstoß mit der Bedrohungslage durch den internationalen Terrorismus, vor allem in Form des sogenannten Islamischen Staats (Manfred Schäfers, Hendrik Kafsack und Christian Siedenbiedel: »Bar zahlen künftig nur noch bis 5000 Euro«, faz.net, 02.02.2016).
04.02.2016	Finanzstaatssekretär Michael Meister (CDU) zu den Plänen des Ministeriums, eine Maximalgrenze für Bargeldeinzahlungen zur Bekämpfung von Geldwäsche einzuführen: »Wir präferieren eine europäische Lösung.« Nach Vorstellungen aus Berlin könnte die Grenze bei 5.000 Euro liegen. Zieht Brüssel nicht mit, will Berlin national vorgehen, unterstrich Meister (zitiert aus: »Berlin baut auf EU-Geldwäschelösung«, BZ, 04.02.2016, S. 6). EZB-Chef Mario Draghi (vor dem Europaparlament): »Wir wollen Änderungen machen, aber wir wollen sie in einer ordentlichen Weise.« Es gehe laut Draghi nun darum, »wie man eine Entscheidung am besten durchsetzt und wie man das kommuniziert«. (»Den Beschluss über die Abschaffung der 500-Euro-Scheine müsste der EZB-Rat treffen, in dem auch die Gouverneure der 19 nationalen Notenbanken sitzen«, zitiert aus: »EZB bereitet Abschaffung des 500-Euro-Scheins vor«, faz.net, 04.02.2016).

08.02.2016	Der frühere Chef der britischen Großbank Standard Chartered Peter Sands fordert auch die Abschaffung großer Scheine, dies muss nach seiner Ansicht weltweit geschehen (vgl. Sean Farell: »Scrap high-denomination banknotes, urges ex-bank boss«, theguardian.com, 08.02.2016, und: »Sind Bargeldbegrenzungen verfassungswidrig?«, FAZ, 09.02.2016, S. 15; das könnte auch das Aus für die 100-Dollar-Note bedeuten, vgl. Tyler Durden: »Here Is The Real Reason Why Authorities Want To Ban High Denomination Bank Notes«, zerohedge.com, 11.02.2016).
09.02.2016	»Deutschland und Frankreich sind entschlossen, Bargeldtransaktionen zu begrenzen. Dies diene der Bekämpfung von Terrorismus und Geldwäsche« (FAZ, 10.02.2016, S. 15).
12.02.2016	Die EU wird eine Obergrenze für Bargeldzahlungen sowie die Abschaffung von 500-Euro-Noten prüfen. Die deutsch-französische Initiative wurde von den EU-Finanzministern positiv aufgenommen. Jeroen Dijsselbloem: »Große Bargeldsummen können leicht zur Terrorfinanzierung genutzt werden, da besteht ein Risiko.« Darüber hinaus präsentierte die EU-Kommission einen Aktionsplan zur verbesserten Kontrolle von Geldflüssen, den die EU-Finanzminister begrüßten, er sieht u. a. Maßnahmen zur besseren Kontrolle virtueller Währungen und zu mehr Transparenz bei Prepaidkarten vor (Andre Tauber: »Brüssel prüft jetzt Obergrenze für Barzahlungen«, welt. de, 12.02.2016)
15.02.2016	Der EZB-Rat will den 500-Euro-Schein abschaffen. Mit großer Mehrheit wurde bereits eine entsprechende Absichtserklärung getroffen (Jan Mallien, Daniel Schäfer: »500-Euro-Schein vor dem Aus«, handelsblatt.com,15.02.2016).

16.02.2016	Der frühere US-Finanzminister Larry Summers schlägt ein globales Abkommen vor, um die Ausgabe von Geldscheinen, die mehr als 50 oder 100 US-Dollar wert sind, künftig zu stoppen (»It's Time To Go After Big Money«, larrysummers.com, 16.02.2016).

Chronologie des »War on Cash« seit der ersten Auflage des Buches

Seit Beginn des Jahres 2016 wurden unsere schlimmsten Befürchtungen bezüglich der Umsetzungsgeschwindigkeit übertroffen. Der 500-Euro-Schein könnte bereits zeitnah ausgesondert werden und eine einheitliche EU-weite Bargeldzahlungsgrenze (nach derzeitigem Stand bis 5.000 Euro) festgelegt werden. Diese Schritte hatten wir erst 2018/2019 erwartet.

Es wird ein Handlungsdruck suggeriert, der Misstrauen auslöst. Brachten das Migrationschaos mit der unkontrollierten Aufnahme auch von Kriminellen und Terroranschläge eine willkommene Gelegenheit, die Bargeldabschaffung und damit Enteignung durch eine noch weitergehende Sparerbesteuerung und eine komplette Überwachung der Bürger zu ermöglichen? Ist der vermeintliche Kampf gegen verbrecherische »lichtscheue Gestalten« oder Terroristen nur ein Vorwand, um politisch etwas durchzudrücken, was sonst nie konsensfähig gewesen wäre?

Handelt es sich, wie die Beschleunigung der Nachrichten zu Vorhaben zur Bargeldabschaffung zeigen, vielleicht sogar um eine konzertierte Aktion? Dafür spricht die Äußerung von Draghi im Zusammenhang mit der Abschaffung des 500-Euro-Scheins, dass es nun darum ginge, »wie man eine Entscheidung am besten durchsetzt und wie man das kommuniziert« (»EZB bereitet Abschaffung des 500-Euro-Scheins vor«, faz.net, 04.02.2016). Auch die deutsche Bundesregierung zieht mit, sie will die Bargeldbegrenzung europaweit regeln. Wenn es sich tatsächlich um eine konzertierte Aktion handelt, die von Cryan, Co-Chef der Deutschen Bank, medial gestartet wurde, dann ist auch die Frage zu stellen, ob es überhaupt noch einen Raum für eine demokratischen Diskurs gibt. Die Interessenlagen zugunsten einer verstärkten Umverteilung und Kontrolle sind anscheinend zu klar. Der Bürgerwille ist dabei offensichtlich – wie bei der D-Mark-Abschaffung weitgehend irrelevant. Volksabstimmungen gibt es in Deutschland eher für lokal wichtige Entscheidungen. Mit sinkenden Zinsen und steigender Unsicherheit sind Einlagen bei Finanzinstitutionen zunehmend bedroht, gänzlich abgezogen zu werden; Bargeld wird als Wertspeicher für die Bürger immer attraktiver. Trotz der Beliebtheit des Bargelds bei den Bürgern (laut einer Emnid-Umfrage wollen 79 Prozent der Deutschen nicht auf Bargeld verzichten, dpa-AFX in FAZ, 08.02.2016, S. 19), ist jetzt damit zu rechnen, dass es bereits in diesem Jahrzehnt eingezogen wird. Nach der Abschaffung des 500-Euro-Scheins werden schnell die 200-Euro- und 100-Euro-Noten auf dem Prüfstand stehen und eine weitere Obergrenzen-Einschränkung wird diskutiert. Wetten, dass?

Es gibt gute Gründe, sich jetzt noch größere Sorgen zu machen als vor einem Jahr. Denn die beschleunigte Diskussion, die von Bargeldgegnern angestoßen wurde, gibt zu denken. Sie könnte auch ein Indikator für den gestiegenen Umverteilungsdruck in Staat und Wirtschaft sein. Die enorme Schuldenlast erfordert zunehmend einen »Systemneustart« (sanierende Währungsreform) oder die Digitalisierung des staatlichen Geldsystems, die als innovative und bequeme Lösung präsentiert wird. Sie ist aber nur eine Scheinlösung und wirkt unserer Meinung nach dauerhaft destabilisierend. Wie kann man einem digital gesteuerten Schuldensystem vertrauen, das noch mehr Missbrauch zulässt als das bisherige analoge? Insofern gilt es, einen besonders ausgeprägten Sinn für Privatsphäre zu entwickeln und den bequemen Verlockungen zu widerstehen (vgl. Joachim Güntner: »Bargeld lacht bald nicht mehr«, NZZ, 13.02.2016, S. 17). Bereits die Bargeldbegrenzung ist ein Einstieg in den dann schneller werdenden Ausstieg aus dem Bargeld. Tom Enders, CEO der Airbus Group warnte: »Bargeldbegrenzung wäre ein weiterer Fall zwangsweiser Volksbeglückung, ein weiterer Schritt weg von Marktwirtschaft und Freiheit.« (zitiert nach: Malte Fischer u. a., WirtschaftsWoche, 12.02.2016, S. 25).

Die bisherige Entwicklung macht skeptisch: Mit der Euro-Einführung erfolgte zunächst schleichend, seit der Finanzkrise 2008 dann beschleunigt die Abkehr von einer konservativen und stabilitätsorientierten Geldpolitik, welche die damals geldpolitisch noch autonom agierende Bundesbank verfolgte. Diese Veränderung wurde den Bürgern vorher nicht entsprechend kommuniziert. Jetzt treten wir mit einer Bargeldabschaffung in eine dauersanierende Währungsreformphase ein. Ein solcher Schritt wäre nicht die Lösung für Schuldenprobleme, sondern würde diese verschärfen. Den Regierungen fehlten dann disziplinierende Sanktionen. Auch das von den Notenbankchefs Weidmann und Villeroy de Galhau ins Gespräch gebrachte gemeinsame Finanzministerium und die Errichtung einer ambitionierten »Finanzierungs- und Investitionsunion« zur Stärkung des Euro-Raums (spiegel.de, 08.02.2016) wären ohne disziplinierende Regeln nur ein weiterer Weg zur Vergemeinschaftung von Schulden zulasten der Bürger. Nach dem Bruch des Maastricht-Vertrages (Nichtbeistands-Klausel) wäre das selbst bei einer Festlegung klarer Regeln nicht glaubwürdig. Klare Aufgaben und Verantwortungszuweisungen sind nach den totalitären Erfahrungen (Deutschland, Sowjetunion) nur subsidiär und föderal vorstellbar. Zentralismus ist das negative Gegenbild. So könnte ein zentral gesteuertes Digitalgeld in der EU zu einer »EUdSSR« beitragen, in der mehr oder minder korrupte Funktionäre (»Apparatschiks«) das Steuer in der Hand halten und die Bürger wesentlicher Freiheiten beraubt sind.

Statt Gold bekommen wir nicht einmal mehr Eisen, sondern staatlich gelenkte digitale Enteignung (»Gold gab ich für Eisen«, mit diesem Spruch warb man in Preußen und im Kaiserreich zur Finanzierung von Kriegen). Die Geschichte des Geldes ist auch ein Prozess steigender Abstraktion. Die zunehmende »organisierte Unverantwortlichkeit« (den Begriff prägte der US-amerikanische Soziologe Charles Wright Mills) mit der Möglichkeit, Politikversagen zu vergesellschaften, lässt sich auch anhand der folgenden Übersichtsdarstellung zeigen. Bis zum Ersten Weltkrieg war das Bargeld in Deutschland wie in vielen anderen entwickelten Staaten goldgedeckt. Das sicherte die Bürger vor finanzieller Enteignung durch Inflation oder andere Formen der Umverteilung ab. Doch die Goldbindung des US-Dollars wurde in den 1970er-Jahren durch die USA aufgehoben, und die festen Wechselkurse zu anderen Währungen existierten nicht länger. Schon jetzt ist Geld dies- und jenseits des Atlantiks nur noch ungedecktes Papiergeld (*fiat money*). Diese Veränderung löste in den westlichen Staaten einen Anstieg der Verschuldung aus. Es wurde mehr Geld gedruckt, Politiker konnten bequem Wählerstimmen kaufen durch Vergünstigungen, auch für Privilegierte. Der nicht mehr finanzierbare Wohlfahrtsstaat war die Folge, vor allem in der EU. Dieses staatliche Geld könnte auch durch elektronisches Geld in gedeckter Form ersetzt werden. Ein solches privates Buchgeld (Vorschlag von James Turk, jamesturk-blog.blogspot.de) wäre auch in Konkurrenz zu staatlichem Digitalgeld möglich (bei der aktuellen Interessenlage hochverschuldeter Banken und Staaten ist das allerdings wenig realistisch). Da ein ungedecktes und von Staaten (wie zum Beispiel innerhalb der EU) mitgesteuertes elektronisches Geld neue Verschuldungsspielräume schaffen würde und zusätzlich die Chance auf weitere Umverteilung erlaubt, wäre die Bargeldabschaffung potenziell auch eine »sanierende Währungsreform«. Enteignungsspielräume würden schleichend oder spontan auf Knopfdruck geschaffen.

Geldformen	elektronisch	nicht elektronisch
gedeckt	• z. B. goldgedecktes (privates) Buchgeld (Überlegungen zu goldmoney von James Turk)	• z. B. goldgedecktes Bargeld (Deutschland vor dem Ersten Weltkrieg)
ungedeckt	• Buchgeld (des Papiergeldes/fiat money)	• Bargeld (des Papiergeldes/fiat money)

Bestehende und potenziell mögliche Geldformen

Die Risiken werden dann von der Verantwortung der Entscheidungsträger noch mehr als bisher entkoppelt. Die »organisierte Unverantwortlichkeit« in der EU wird begünstigt durch übernationalen Wirtschaftslobbyismus. Auch die politische Abwälzung der Verantwortung von der nationalen Ebene auf die EU und umgekehrt trägt dazu bei. Nicht zuletzt führt auch eine Haftungsübernahme durch vermeintliche Hauptnutznießer (die deutsche Wirtschaft, für die wiederum inländische Sparer und Steuerzahler zur Kasse gebeten werden) zu einer solchen Entwicklung. Kulturelle Unterschiede bestehen aber weiter und ebenso bestehen die Vorstellungen weiter, ob und inwieweit ein gemeinsames Europa verwirklicht werden kann. Die Experimente gehen so lange weiter, bis das Schuldenkartenhaus in sich zusammenbricht. Merkels Umverteilungs- und Flüchtlingspolitik lässt sich wohl nur schwerlich mit einem Wählerwillen begründen. Adenauers Slogan »Keine Experimente« hingegen sicherte u. a. der CDU/CSU im Jahr 1957 die absolute Mehrheit der Stimmen. Logik, Verstand und Fairness bleiben aktuell auf der Strecke. Bei einer solchen Gemengelage droht eine Willkürherrschaft, die mit den Prinzipien einer freiheitlichen und demokratischen Ordnung nicht mehr vereinbar wäre und übrigens auch nicht mit einer sozialen. Zudem würde eine Zwangssteuerung mit Negativzinsen zulasten der Gläubiger (und zum Nutzen der Schuldner) erhebliche rechtliche Probleme schaffen. Das wäre eine »digital gesteuerte Schuldensozialisierung«.

Die Bürger werden mit einen Geldsystem konfrontiert, das sie nicht wollen können, da es ihren Interessen eklatant widersprechen muss. Vor allem die folgend genannten verdeckten Argumente zeigen die Gefahren, mit denen sich die Bürger rechtzeitig auseinandersetzen sollten.

	Für Bargeld	Gegen Bargeld
Offen kommuniziert	• Erhaltung von bürgerlicher Freiheit und Privatsphäre (George Orwells Roman *1984* lässt grüßen!) • Sorge vor schleichender Enteignung/Besteuerung	• Bekämpfung von Steuerflucht • Bekämpfung von Schwarzarbeit • Kriminalitätsbekämpfung • Terrorbekämpfung • Bakteriell verseuchte Geldscheine
Versteckt bzw. gar nicht kommuniziert	• Verlust der Kontrolle über die eigenen Finanzen (Zählen der Geldscheine, Verlust des haptischen Erlebnisses, mangelnde Nutzung der fünf Sinne) • Mangelndes Vertrauen in Banken und Staat • Sorgen aufgrund der Erfahrung mit staatlichen Diktaturen in der Vergangenheit – Diktatur wird billiger	• Enteignung »auf Knopfdruck« wird möglich, • Durchsetzung von Negativzinsen • Unauffällige Besteuerung • schleichende Enteignung im Verbund mit Kartendienstleistern, Banken etc. • Sammeln von Daten • Kontrolle/Überwachung Einschränkung der Privatsphäre im Verbund mit der Abschaffung des Bankgeheimnisses

Versteckt bzw. gar nicht kommuniziert	• Neue Erziehung zum Untertanen (betreuter Bürger ohne Antrieb, eigene Vorsorgeaktivtäten zu ergreifen), Manipulation des Chipgeldes bei Fehlverhalten von Bürgern • Motive können auch tatsächlich sein, dass unsaubere Geschäfte abgewickelt werden sollen oder Steuerflucht so einfacher ist – aber das dürfte nicht der Regelfall sein (außerdem gibt es kriminelle Alternativen ohne Bargeld: »Cyberkriminalität«). • Cyberwar-Attacken, die zu einem längeren Stromausfall führen und dadurch eine Massenpanik auslösen können	• Gläserner Zahler mit erschwerten Möglichkeiten der Eigenvorsorge (Bargeld als Sicherheitspuffer) • Erziehung zum »Konsumtrottel« • Da Geldscheine die Ausgabenkontrolle erleichtern, werden ohne Bargeld Menschen leichter abhängig und geraten in eine Schuldenspirale. • Kein Bank Run!

Offen kommunizierte und versteckte Argumente für und gegen Bargeld

»Enteignung per Knopfdruck« wird in einem zentral digital gesteuerten System möglich. Was ist bei ausschließlich elektronisch vorhandenem Geld vor dem Zugriff noch sicher? Das geltende Recht würde den Umverteilungsnotwendigkeiten angepasst. Ihr Guthaben auf dem Girokonto würde in diesem Szenario zur Dispositionsmasse. Sie würden de facto Ihrer Bank bzw. der Gemeinschaft einen Kredit geben, der die Insolvenz jahrelang auch zulasten der Steuerzahler hinauszögern würde. Eine bargeldlose Welt würde so neue, unauffällige Enteignungsspielräume ermöglichen. Abschreckende Bilder von Kunden, die ihr Geld abheben wollen, würden vermieden. Die Bürger würden unter Generalverdacht (Geldwäsche, Steuerhinterziehung etc.) gestellt. Die heute verbreitete naive Mentalität à la »Ich habe ja nichts zu verbergen« verbreitet sich und kaschiert dabei nur die Angst, negativ aufzufallen.

Einen solchen Überwachungsstaat, wie ihn George Orwell in seinem Roman 1984 beschrieb, gilt es rechtzeitig zu verhindern. Heutige Techniken leisten viel mehr, als der bekannte Schriftsteller sich damals – Ende der 1940er-Jahren des letzten Jahrhunderts vorstellen konnte. Rein elektronische Zahlungen machen eine Diktatur extrem preiswert. Das schafft machtbewussten Politikern eine verführerische Perspektive. Freiheitsliebenden Bürgern, die die Demokratie befürworten, muss daher bewusst sein: Wenn sich solche neuen, totalitären Strukturen erst einmal verfestigt haben, ist Kritik oder Widerstand kaum mehr möglich. Aus den vermeintlichen digitalen Freiheiten wird dann ein »Weg zur Knechtschaft«, der sich noch viel rigoroser darstellt, als Friedrich August von Hayek es in seinem gleichnamigen Buch beschrieb, ein Buch das – wie Orwells Roman 1984 – in den 1940er-Jahren des letzten Jahrhunderts verfasst wurde. Sie haben dann nur noch Zugriffsrechte in digital überwachten Systemen. Das Digitalgeld kann »disziplinierend« konstruiert werden. Das Zugriffsrecht lässt sich vermindern bzw. je nach Zweck in abgestufter Form gestalten. Wer nicht »spurt«, kann sein elektronisches Geld dann nur noch eingeschränkt nutzen.

Ein Bargeldverbot ist nur ein einziger – wenn auch wesentlicher – Baustein auf dem möglichen Weg zu einer »digitalen Knechtschaft«: Der Bezug zu dem 1944 erschienenen Buch Der Weg zur Knechtschaft ist durchaus gewollt. Hayek wies darin auf die realen Gefahren sozialistischer Gesellschaften hin, die am Anfang vermeintlich oft das Gute wollen und dann – überspitzt ausgedrückt – die Hölle auf Erde schaffen. Den NS-Staat oder den Sowjetkommunismus wollte Hayek den Bürgern Großbritanniens, wohin er vor den Nazis geflohen war, ersparen.

Die Bargeldgegner argumentieren vordergründig damit, dass mit einer Abschaffung Schwarzarbeit und Kriminalität besser bekämpft werden können. Friedrich Schneider von der Universität Linz gilt als Experte für die Schattenwirtschaft. Er ist der Auffassung, dass die Einschränkung von großen Bargeldzahlungen und die Abschaffung großer Geldscheine »nur minimal senkende Effekte auf die Schwarzarbeit oder die Kriminalität« hätte (zitiert aus: »Die Bargeld-Bremse sorgt für Streit«, FAZ, 06.02.2016, S. 19). Auch bei einer kompletten Bargeldabschaffung sieht er nur einen geringen Rückgang um 2 bis 3 Prozent, entscheidend für Schwarzarbeit ist nach seiner Auffassung die Differenz des Schwarzarbeiterlohns, die seines Erachtens »etwa bei einem Viertel des offiziellen Lohnniveaus inklusive Steuern und Sozialabgaben liegt«. Verschwiegen wird von Bargeldgegnern auch, dass die zunehmende Verwendung elektronischer Zahlungssysteme zu mehr Straftaten geführt habe, weil es den Kriminellen laut Peter Schneiderhan (Mitglied im Präsidium des Deutschen Richterbundes) leichter fällt, die Daten abzugreifen (Malte Fischer u. a., WirtschaftsWoche, 12.02.2016, S. 23).

Auch juristische Bedenken sprechen gegen ein Bargeldverbot. So hält Hans-Jürgen Papier (früherer Präsident des Bundesverfassungsgerichts) Beschränkungen von Bargeldzahlungen sogar für verfassungswidrig. »Dies wären nicht gerechtfertigte Eingriffe in Freiheitsrechte, nämlich in die Vertragsfreiheit und Privatautonomie.« Das Verfassungsgericht habe immer wieder betont, »dass die Freiheitswahrnehmung der Bürger nicht total erfasst und registriert werden darf«. Laut Papier bedeuteten eine gesetzliche Bargeldobergrenze und der Zwang, auf elektronische Zahlungsmittel zurückzugreifen, einen /»kräftigen Schritt hin zur weiteren Reglementierung, Erfassung und verdachtslosen Registrierung«. Nicht hinreichend nachweisbar sei wohl auch, dass diese Beschränkungen zum Schutz des gemeinen Wohls wirklich geeignet und erforderlich seien (jeweils zitiert aus: »Abschaffung von Bargeld ist verfassungswidrig«, faz.net, 08.02.2016). Es müsste ein Grundrecht auf Bargeld formuliert werden. Fraglich ist, ob ein Schutz durch das Grundgesetz überhaupt ausreichend ist, denn es könnte im Rang unter irgendwelchen EU-Direktiven stehen (vgl. Joachim Jahn: »Grundrecht auf Bargeld«, FAZ, 09.02.2016, S. 15).

Ein wichtiger Punkt dabei ist auch, dass Geld seinen Eigentumscharakter verliert, wenn das Bargeld abgeschafft ist. In geschlossenen digitalen Systemen sind Enteignungen per Knopfdruck möglich. Zumindest aber wird man vermutlich eine dauerhafte Vermögenssteuer mit ein paar Prozent

Negativzinsen einführen (das ist unauffälliger). Das aber ist nichts anderes ist als eine Abgabe, die einer Inflation entspricht. Ohne Wettbewerb werden Provisionen und Transfergebühren geschaffen. Auch wird der Nachweis schwieriger, wenn keine Papierform mehr da ist. Das Thema der Abhängigkeit von digitalen Systemen zeigt bedrohliche Seiten. Wolfgang P. Warth, Mit-Initiator des PDU Project for Democratic Union, kommt dabei zu folgenden Erkenntnissen und Fragen:

»Ja, wir erhalten Konto- und Depotauszüge, aber wie beweiskräftig sind diese? Handelt es sich nur um ggf. gute Fälschungen? Wie kann die Echtheit nachgewiesen werden, wenn ein Dokument aus einem digitalen Code entsteht, für den niemand verantwortlich ist bzw. für den niemand als Verantwortlicher nachgewiesen werden kann? Solche Dokumente haben also keinen Wert. Der Wert entsteht allein aus der Bestätigung der herausgebenden Bank, dass das Dokument wertvoll ist und einen Anspruch anerkennt. Wenn aber dieser Bank alle Codierungen verloren gehen, zufällig oder absichtlich, wie kann dann ein Nachweis geführt werden, wenn es nicht einmal einen Mitarbeiter der Bank gibt, der sich daran erinnert, welche Gelder und Wertpapiere ein Kunde verwahrt hatte? Verfügt die (staatliche) Aufsicht über eine Kopie der Datensätze? Nein, sie überwacht nur, dass die Bank ein Sicherungskonzept realisiert hat. Aber auch das kann versagen.

In der analog-realen Welt ist Eigentum ›in den Händen‹ des Eigentümers. Gehört es nicht ihm, muss der Anspruchsgegner dies beweisen. Anders in der digital-virtuellen Welt. Der Eigentümer hat zweifelhafte Dokumente in der Hand, die

u. U. nichts beweisen und auch den Hauch einer Fälschung verkörpern. Er hängt ganz davon ab, dass es Datenbanken gibt, in denen seine Ansprüche verzeichnet sind, auf die er aber keinen Zugriff hat.«

Schleichend werden so Bürger zu »Digitalknechten«, die unter Generalverdacht stehen, wenn politisch nicht gegengesteuert wird. In dem Roman Der Circle von Dave Eggers werden die Gefahren genannt. Die Manipulationsmöglichkeiten stellen die Rechtssicherheit in Frage. Schutzgesetze werden wegen der freiwilligen Datenweitergabe ausgehebelt. Sie schaffen immer einflussreichere Digitalkonzerne, die staatliche Strukturen in Frage stellen. Ein neues Google-Digitalgeld wäre bereits jetzt international durchsetzbar, unterstützt von der Blockchain-Technologie, die traditionelle Finanzdienstleister schon bald ersetzen könnte. (Unter dem Begriff »Blockchain« versteht man die Technologie, die auch der Internetwährung Bitcoin zugrunde liegt. Gemeint ist eine Art Register, in dem alle Transaktionen sichtbar sind und das nicht auf einem, sondern auf sehr vielen Rechnern bereitgestellt und verwaltet wird.)

Auf eine zentrale Machtausübung setzen sowohl kommerziell erfolgreiche Digitalkonzerne als auch sozialistisch geprägte Politiker – letztere in der Tradition der Empfehlungen von Karl Marx. Im Fokus stehen dann eine zentral gesteuerte Umverteilung und die Zuteilung von Vermögen. Wettbewerbssysteme behindern die Bürokratenmacht, das wusste kaum jemand besser als Ludwig Erhard. Die Subsidiaritäts-Vorstellungen der christlichen Soziallehre werden so auf den Kopf gestellt: Wenn jemand in Not ist, helfen ihm nicht mehr die eigene Familie, die Freunde oder sonstige Personen, die ihm nahestehen. Sondern der Staat entscheidet, wer als bedürftig gilt und wer nicht, und verhilft den betreffenden Personen via elektronischer Umverteilung zu den nötigen Mitteln. Rationierungen werden möglich wie bei einem Bezugsscheinsystem, das zuletzt 1950 in Westdeutschland abgeschafft wurde (in der früheren DDR erst 1958). Zu befürchten ist auch eine zunehmende Hybris der Entscheidungsträger: Die technischen Möglichkeiten könnten Allmachtsphantasien beflügeln. Wenn den Bürgern die Möglichkeit genommen wird, ohne Nominalzinsverlust ihr eigenes Vermögen – auch in Form von Bargeld zuhause – zu sichern, ist der sozial betreute Bittsteller (als Nachfolger des angepassten Untertanen in Deutschland) auch noch zunehmend entmündigt. Die eigenen, natürlichen Altersvorsorge-Anstrengungen, oft in Familien noch tradiert, werden durch ein digitales Zwangssystem ersetzt. Diese Zentralbürokratie stellt sich auch mithilfe wohlklingender Anglizismen als modern dar und ermöglicht im Verbund mit international tätigen Digitalkonzernen eine neue Knechtschaft. Das ist dann weniger »der totale Staat« (Titel des 1933 (!) veröffentlichten Buches des Staatsrechtlers Ernst Forsthoff), sondern vor allem eine globale Herrschaft monopolistisch agierender Digitalkonzerne und der Regierungen, die mit ihnen kooperieren. Die Interessenlagen der Finanzindustrie, insbesondere der Kartendienstleister (Wall Street), der smarten Internetdienstleister (Silicon Valley) und der Regierungen (Washington, Brüssel und Peking) sind durchaus gleichgerichtet (vgl. Horst Stelzner: »Bargeld ist Freiheit«, FAZ 05.02.2016, S. 1). Genau vor solchen Entwicklungen haben viele Deutsche – fast intuitiv Angst. Irgendwann schnappt die

Digitalisierungsfalle zu, und viele Bürger merken erst dann, dass sie »alternativlos« manipuliert und besteuert werden. Die Geldsicherung wird teurer und die Diktatur billiger.

Wenn das Grundgesetz zu einer Staffage verkommt und zentrale EU-Behörden bestimmen, was richtig ist, sind digitale Bürokratiemonster im Extremfall alles und der Bürger dagegen nichts. Die Gefahren sind nicht zu unterschätzen. Für Wohlverhalten gibt es »Credits«. Diese Kreditpunkte werden zur zentralen Größe und bestimmen dann den gleichgeschalteten Reputationswettbewerb. Somit wären Gleichschaltung und Lobhudelei – bereits jetzt unangenehme Begleiterscheinungen – perfektioniert.

Mithilfe von Überwachungssoftware kann man auch vorsorglich abschrecken, dann nimmt das Verhängnis seinen Lauf, vor dem bereits Gustave Le Bon warnte (in: Psychologie der Massen, S. 150): »Die fortwährende Schaffung von Gesetzen und Beschränkungsmaßnahmen, die die unbedeutendsten Lebensäußerungen mit byzantinischen Förmlichkeiten umgeben, hat das verhängnisvolle Ergebnis, den Bereich, in dem sich der Bürger frei bewegen kann, immer mehr einzuengen. Als Opfer des Irrtums, dass durch Vermehrung der Gesetze Freiheit und Gleichheit besser gesichert würden, nehmen die Völker nur drückendere Fesseln auf sich.

Sie nehmen sie nicht ungestraft auf sich. Gewohnt, jedes Joch zu tragen, kommen sie schließlich dahin, es aufzusuchen, und büßen zuletzt alle Ursprünglichkeit und Kraft ein. Sie sind nur noch wesenlose Schatten, Automaten, willenlos, ohne Widerstand und Kraft.«

Wohin die Reise gehen könnte, zeigt derzeit China. Der »Citizen Score« ist das nächste ehrgeizige Projekt der chinesischen Regierung, das bis zum Jahr 2020 realisiert und für alle chinesische Bürger verpflichtend sein soll. Es handelt sich dabei um ein Bewertungssystem für das Verhalten der Bürger, das von den beiden chinesischen Digitalkonzernen Alibaba und Tencent verwaltet werden soll. Gemessen werden das Kaufverhalten (Alibaba) und die sozialen Aktivitäten (Tencent) der Nutzer. Dies ist schon jetzt der Fall. Der Zusammenschluss der Daten zu einem Big Data System, das eine Überwachung in Anlehnung an George Orwells Roman 1984 »Big Brother« genannt, steht noch aus. Regierungslob der überwachten (und potenziell noch mehr eingeschüchterten) Bürger würde dann eine Besserstellung ermöglichen (vgl. Raffael Schuppisser: »Big Brother in China«, schweizamsonntag.ch, 05.12.2015). Die Algorithmen könnten dann das Verhalten »Zuverlässigkeit« miteinschließen, nicht nur »Kreditwürdigkeit« und »Ehrlichkeit«. Soziale Netzwerke geben die Freunde preis und die Art, wie miteinander kommuniziert wird (siehe: Charles Clover: »When big data meets big brother«, FT Big Read. China, FT, 20.01.2016, S. 7). In China ist auch die Abschaffung des Bargelds weit vorangeschritten. Der Bankkunde ist bereits jetzt gläsern. Der größte Schein, die 100-Yuan-Note ist lediglich rund 8 Euro wert (die Aufbewahrung von Bargeld erfordert entsprechend viel Platz, vgl. »Ein Hoch auf das ›Metallico‹«, FAZ, 05.02.2016, S. 19). China arbeitet auch, wie im Januar 2016 bekannt gegeben wurde, an einer eigenen Kryptowährung, also einer vollständig internetbasierten Währung, die eine vollständige Kontrolle erlauben würde (Christoph Bergmann, bitcoinblog.de, 26.01.2016). Damit will die chinesische Führung wohl einen Ersatz zu den Bitcoins anbieten, die für sie nicht oder nur schwer kontrollierbar sind, sich aber bei den Chinesen wachsender Beliebtheit erfreuen.

Auch die USA sollten kein Vorbild sein. Dort wurden bereits nach 1945 Noten im Nennwert von 500, 1.000 und 10.000 Dollar nicht mehr ausgegeben. 1970 wurden die Banken verpflichtet, alle Barzahlungen zu dokumentieren (Malte Fischer u. a., WirtschaftsWoche, 12.02.2016, S. 22). Der »War on Cash« wird von den Digitalkonzernen (Silicon Valley), den Kartendienstleistern (Wall Street) als kommerzielle Datensammler und -verwerter und von staatlichen Stellen (Washington) mit flächendeckender Kontrollabsicht angeführt, wodurch ein starker Interessenverbund entstanden ist (vgl. Horst Steltzner: »Bargeld ist Freiheit«, FAZ, 05.02.2016, S. 1).

Zusammenfassend sind die mit einer Abschaffung von Bargeld verbundenen Gefahren nochmals in der folgenden Übersicht aufgelistet:

Ökonomisch *Verstärkte Umverteilung zulasten der Sparer durch Negativzinsen*	Negativzinsen werden flächendeckend durchsetzbar, warum dann nicht gleich mit minus 10 % oder minus 15 %? Im Extremfall wird eine Enteignung auf Knopfdruck möglich. Die **Umverteilungsspirale dreht sich dann noch schneller** ohne die Notwendigkeit einer marktwirtschaftlichen Anpassung. Als Folge der Interventionen werden Blasenbildungen und Fehlallokationen verstärkt, die Aussagekraft der Bilanzen manipulativ verändert (für Pensionslasten könnte ein positiver Zins angesetzt werden, um negatives Eigenkapital zu vermeiden). Mit Negativzinsen, die die Banken an ihre Kunden weiterreichen, wird der Kauf von Staatsanleihen attraktiver. Das macht einen Staatsbankrott bis auf Weiteres unmöglich. Die ausufernde Schuldenkrise in der EU macht die Schaffung eines rein elektronischen Digitalgeldes zulasten der Sparer anscheinend zu einer *ultima ratio*. Der Finanzsektor muss einen **Bank Run** nicht mehr fürchten, das Buchgeld der Kunden wird so zur Dispositionsmasse bei neuen Schieflagen. Dieser Aspekt könnte auch die derzeitige Hektik bei der Umsetzung von Bargeldeinschränkungen erklären. Der Preiswettbewerb könnte durch Kundenbindungsmaßnahmen außer Kraft gesetzt werden. Zunächst wird mit Vorzugskonditionen gelockt, dann, wenn die Falle zugeschnappt ist und die Bargeldalternative abgeschafft ist, wird es teuer. Gängelung wird auf diese Weise ermöglicht. Die Bürger würden dann zu **ferngesteuerten Konsumtrotteln** durch Verlust der natürlichen Kontrollmechanismen. Die langjährige Gewöhnung an Kartenzahlungen erleichtert dies. Der verstärkte Kapitalverzehr schränkt die Möglichkeiten eigenverantwortlicher Lebensführung weiter ein. Private Schuldner könnten diskriminiert werden, weil sie vermeintlich nicht mit Geld umgehen können (obwohl ihr hoher Schuldenstand vor allem durch die anormale Zinssituation

	getrieben ist). Sie könnten mit zusätzlichen Strafzinsen belegt werden. Dabei könnte zwischen guten und schlechten Schuldnern differenziert werden, und letztere könnten elektronisch zu besonderen »Solidarabgaben« herangezogen werden. Eine solche Entmündigung und Enteignung wäre dann eine besonders perfide Lösung. Das marktwirtschaftliche Haftungsprinzip wäre ausgehebelt und durch eine willkürliche Umverteilung ersetzt, die Staaten würden dann sogar ggf. per Knopfdruck entschuldet.
Macht-politisch *Gläserne Bürger einerseits und Digitalkonzerne/ Regierungen andererseits als neue »Blackbox«?*	Diktatur wird billiger. Die Machtsicherung erfordert gemeinsame Feinde. Das können Terroristen oder andere – auch vermeintliche Systemfeinde sein. Medial gesteuerte »Hasswochen«‹ nach dem Vorbild des Romans 1984 von George Orwell wären denkbar. U. E. gilt daher zur Abschreckung solcher Ambitionen: Zur Sicherung von Demokratie und Freiheit ist nicht der »gläserne Bürger« hilfreich, sondern »gläserne staatliche Apparate und Digitalkonzerne« und unabhängige Medien, die über die Gewaltenteilung im Staat wachen (vgl. Harald Mahrer: »Wollen wir wirklich den gläsernen Menschen? Nein, mir wäre ein gläserner Staat lieber.« in Nikolaus Jilch: »ÖVP will Bargeld in der Verfassung«, diepresse.com, 11.02.2016). Für Institutionen und kommerzielle Anbieter sind höhere Anforderungen zu stellen als für zunehmend unter Generalverdacht gestellte Bürger. Alles andere schafft Misstrauen. Nicht ausgeräumte Zweifel hinsichtlich Fairness und Rechtmäßigkeit des Handels führen zu Ressentiments und nähren fragwürdige Verschwörungstheorien. Wenn das Informationsungleichgewicht verstärkt wird, sinkt das Vertrauen und der Weg in eine neue digitale Knechtschaft wäre eine mögliche Folge.

Geld- und notenbankpolitisch
Durchsetzung eines geschlossenen wettbewerbsfreien Systems, das den Interessen der Digitalkonzerne/ Regierungen dient

Die **Autonomie der Zentralbank** könnte vollständig überwunden werden. Der Münzgewinn entfiele bei einer Bargeldabschaffung. Die Abhängigkeit der Zentralbank(en) von den Finanzministerien würde steigen, da sie auf Steuereinnahmen angewiesen wäre(n) und dann ggf. Bestandteil einer Umverteilungspolitik zulasten der Bürger würde(n). Damit würden Fehler der Geschichte wiederholt. So wurde die Reichsbank ab 1939 bis zum Kriegsende 1945 zu einer »Vollzugsbehörde im Sinne einer Art ›Hauptkasse‹ der Regierung ohne jegliche Autonomie« (zitiert aus: Hansmeyer/Caesar: »Kriegswirtschaft und Inflation (1936–1948)«, S. 388, in Währung und Wirtschaft in Deutschland 1876–1975, Frankfurt am Main, 1976). In der DDR war die Staatsbank »das zentrale Organ des Ministerrates für die Verwirklichung der von Partei und Regierung beschlossenen Geld- und Kreditpolitik in ihrer Gesamtheit« (§ 1 Abs. 1 des Gesetzes über die Staatsbank der Deutschen Demokratischen Republik vom 19. Dezember 1974). Die Grundsätze der Deutschen Bundesbank würden bei einer Bargeldabschaffung auf den Kopf gestellt.
Nach § 12, Satz 1 des Bundesbankgesetzes ist die »Deutsche Bundesbank [...] bei der Ausübung der Befugnisse, die ihr nach diesem Gesetz zustehen, von Weisungen der Bundesregierung unabhängig« und nach §14 Abs. 1, Satz 2 sind »auf Euro lautende Banknoten [...] das einzige unbeschränkte gesetzliche Zahlungsmittel«. Bei einer vollständigen Digitalisierung des Geldes wäre sogar ein Vollgeldsystem denkbar, das den Bürgern Zentralbankgeld sichert (und das privatwirtschaftliche Bankensystem abschafft). Dann hätte der Staat zu 100 % Zugriff auf die Geldschöpfung und könnte auch die Mittelverwendung vollumfänglich bestimmen. Bürger könnten kein Misstrauensvotum mehr aussprechen. Dem Souverän, der früher noch auf den Münzen zur

Förderung des Vertrauens abgebildet war, wären bei dergestalt asymmetrischen Machtverhältnissen keine Willkürgrenzen mehr gesetzt (vgl. Dieter Schnaas: »Kredit bis auf Widerruf«, WirtschaftsWoche, 12.02.2016, S. 26). Wie Bargeld sind auch Gold oder andere Edelmetalle seit der Finanzkrise besonders geschätzt. Diese konkurrierenden, fungiblen Wertaufbewahrungsmittel wären dann alternativlos abzuschaffen. Eine Weltwährung wäre so denkbar, auch gesteuert durch digitale Konzerne, die sich im Verbund mit Kartendienstleistern gute Einnahmequellen sichern.

Rechtlich
Ein Unrechtsregime lässt sich leichter verwirklichen, wenn Geld seinen Eigentumscharakter verliert.

Geld würde seinen Eigentumscharakter verlieren. Eine »Herrschaft des Unrechts« würde leichter möglich und damit auch der Umbau zu einem totalitären System. Die Abschaffung von Bargeld wäre vermutlich auch verfassungswidrig, Prof. Hans-Jürgen Papier wies darauf hin (faz.net, 08.02.2016). Nach Ansicht des Rechtsanwaltes und Publizisten Carlos Alexander Gebauer stünde der »Zwang, alle Zahlungen elektronisch abzuwickeln und so persönliche Daten freizugeben« »im Widerspruch zum Grundrecht auf informationelle Selbstbestimmung, das aus dem Recht auf die freie Entfaltung der Persönlichkeit (Grundgesetz, Artikel 2) abgeleitet ist« (zitiert aus: Malte Fischer u. a., WirtschaftsWoche, 12.02.2016, S. 25).

Christlich und ethisch *Mephisto bekommt eine neue Spielwiese.*	Eine zentrale Instanz könnte eine Machtfülle verkörpern, die bislang unvorstellbar war. **Allmachtsphantasien** würden so beflügelt, dass sie nicht gezügelt werden könnten. Christliche Subsidiaritätsprinzipien stünden dann auf dem Prüfstand. Unmoralisches Verhalten würde gefördert. (Solche Versuchungen thematisierte schon Goethe in Faust II, Zeile 6057ff.: »Kanzler: [...] ›Der Zettel hier ist tausend Kronen wert, ihm liegt gesichert als gewisses Pfand Unzahl vergrabnen Guts im Kaiserland. Nun ist gesorgt damit der reiche Schatz, sogleich gehoben, diene zum Ersatz.‹ Kaiser: Ich ahne Frevel, ungeheuren Trug! Wer fälschte hier des Kaisers Namenszug? Ist solch Verbrechen ungestraft geblieben?«). Es lohnt sich auch, im letzten Buch der Bibel, der Offenbarung des Johannes, zu lesen: »Und es [das Tier, Anmerkung des Autoren] macht, dass die Kleinen und die Großen, die Reichen und die Armen, die Freien und die Knechte allesamt sich ein Malzeichen geben an ihre rechte Hand oder an ihre Stirn, dass niemand kaufen oder verkaufen kann, er habe denn das Malzeichen, nämlich den Namen des Tiers oder die Zahl seines Namens.« (Offenbarung 13, 16f., Übers. Lutherbibel)
Soziologisch und kommunikativ *Gleichschaltung*	**Ritualisierte floskelhaft wiedergegebene Einheitsmeinungen, die medial vorgeprägt sind,** würden den Diskurs zwischen den Bürgern einengen. Kreativität und Spontanität gingen verloren, der vermeintliche »gesellschaftliche Fortschritt« würde von oben diktiert. Mithilfe eines manipulativen Infotainments träte eine Gleichschaltung ein. Die Macht der Gewohnheit würde helfen, die neue Uniformität, die durch moderne Volksbeglücker vermittelt wird, als normal erscheinen zu lassen. Kritik, in einer freiheitlichen Gesellschaft als Korrektiv unentbehrlich, würde tabuisiert.

Mental/ psychologisch *Manipulationen werden in einer digitalen Welt erleichtert.*	Das Bewusstsein einer lückenlosen Totalüberwachung würde **das Misstrauen zwischen Bürger einerseits und dem Staat sowie kooperierenden elektronischen Dienstleistern** andererseits verstärken. Völlige Anpassung und Lobhudelei würden bei zunehmend fehlenden Rückzugsmöglichkeiten (in der DDR konnte man vordergründig noch den Angepassten spielen und dennoch innerhalb der Familie oder mit Freunden frei reden) zu einer bisher nie gekannten gefühlten Freiheitseinschränkung führen. Die Ängste der Opfer dieses Systems würden von machtorientierten Gestaltern Autoritäten in Politik und bei den Digitalkonzernen bewusst einkalkuliert. Menschen würden Autoritäten nicht widersprechen wollen, sie würden sich bemühen, nett zu sein und ihr Verhalten nach dem der anderen auszurichten. **Betrug und Irreführung** würden als solche dann nicht leicht erkannt. Dies ließe sich auch gut kommerziell ausnützen, vor allem in einer vollständig digitalisierten Umgebung. »Man gibt dem Kunden falsche Informationen oder verleitet ihn dazu, einen falschen Schluss zu ziehen. Er denkt, etwas zu bekommen, was einen Dollar wert ist, obwohl es weniger wert ist« (zitiert aus und vgl. George Akerlof und Robert Shiller: »Die Freiheit zum Betrug«, Handelsblatt, 12./13./14.2.2016, S. 72).
Technisch *Stromausfall und Cyberwar*	Ein **Stromausfall**, z. B. verursacht durch eine Naturkatastrophe oder einen Cyberwar-Angriff, würde alles lahmlegen. Dieses Szenario schafft mittelbar auch eine Einladung für Terroristen, ein maximales Chaos zu schaffen. Eine Einführung zu dieser Thematik ist der Roman Blackout von Marc Elsberg. Schon allein diese Gefahr wäre Argument genug, das Bargeld beizubehalten.

Gründe, ungedecktes elektronisches Buchgeld abzulehnen

Um diese Gefahren vorsorglich abzuwehren, bleibt Bargeld ein besonders schützenswertes Gut für die Bürger. Hitler setzte noch auf organisierte staatliche Umerziehung von Kindesbeinen an »... und sie werden nicht mehr frei ihr ganzes Leben und sie sind glücklich dabei« (Rede vor Kreisleitern in Reichenberg am 2.12.1938). Auch Stalin, Mao Zedong und Mussolini stabilisierten ihre Systeme durch kollektive Umerziehung. Das war auch beim damaligen argentinischen Staatspräsidenten Juan Domingo Perón der Fall, der zusammen mit seiner Frau Evita in den 1950er-Jahren in seinem Land eine Sozialdiktatur. Das ehemals sehr reiche Argentinien gehört heute zur Gruppe der finanziell gescheiterten Staaten.

Aber: Der Kollaps des fragilen Finanzsystems wird zwar spätestens seit 2007 verhindert (wodurch eine noch größere, dann immer weniger beherrschbare Krise geschaffen wird). Doch könnte er solche Digitalisierungs- und Bargeldabschaffungspläne (und damit die Dauer-Enteignungsmaschinerie) vorzeitig vereiteln. Dann wäre nach einer (ehrlicheren) sanierenden Währungsreform wieder ein Neustart möglich. Damit könnte die privatwirtschaftliche und staatliche Hybris begrenzt werden, möglichen Allmachtsphantasien wäre dann ein Riegel vorgeschoben worden. Ansonsten wird angesichts der gewaltigen Schuldenlast nicht zuletzt in der EU die natürliche Sanktionierung durch Märkte weiter ausgehebelt. Sparer in Nordeuropa müssen nach der Durchsetzung von Negativzinsen de facto eine zusätzliche Vermögensabgabe leisten, wogegen südeuropäische Staatsschuldner durch Zinszahlungen belohnt würden. Der Zins als wesentlicher Knappheits- und Risikoindikator hätte in noch weitaus größerem Umfang als bisher ausgedient.

Die Umverteilungsspirale würde zulasten der bargeldfreien Sparer noch verstärkt, die aus der Falle der Schuldnersubventionierung dann nicht mehr herauskommen. Mit einer solchen EU-Transferunion würde Fehlverhalten nicht sanktioniert, vielmehr würden stabilisierende Regeln gänzlich außer Kraft gesetzt. Die Verteuerung der Lagerung von Bargeld durch die Abschaffung der großen Scheine dient der Vorbereitung zur flächendeckenden Durchsetzung von Negativzinsen. Die Tresorkosten steigen, auch dies kommt einer Besteuerung gleich (vgl. dazu Hans-Werner Sinn: »Wie sich der Einzug des 500-Euro-Scheins rechnet«, FAZ, 06.02.2016, S. 20). Die mangelnde Kontrolle über das Geldausgeben, die bei physischem Geld leichter fällt, fördert den Konsum über die Bestrafung durch Negativzinsen hinaus. Bargeld wird weniger leicht ausgegeben als Kartengeld, dies bestätigt auch die neuere ökonomische Verhaltensforschung (vgl. Hermann Simon: »Finger weg vom Bargeld!«, Handelsblatt, 09.02.2016, S. 48). Dazu auch Carsten Maschmeyer (Thomas Exner, Holger Zschäpitz: »Interview mit Carsten Maschmeyer«, welt.de, 11.02.2016): »Es ist psychologisch erwiesen, dass man bei Kartenzahlungen das Gefühl für das Geldausgeben verliert. Wer mit Plastik bezahlt, hat nicht das Gefühl, danach weniger Geld zu haben. Ich sage ganz klar, gehen Sie mit dem Portemonnaie einkaufen. Es ist etwas ganz anderes, wenn ich mit 300 Euro losgehe, und hinterher sind 200 Euro weg. Das Abbuchen von der Kreditkarte sechs Wochen später wird dagegen kaum wahrgenommen. Wer seine Kosten nicht im Griff hat, sollte die Kreditkarte ganz zerschneiden. Ich nenne das auch Plastik-Chirurgie.«

Bei einer bargeldlosen Welt würden den Bürgern die Kontrolle über ihr eigenes Geld noch mehr verloren gehen. Digitale Systeme sind eher desinformierend und manipulierend, die fünf Sinne können nicht mehr zur Sicherung der eigenen Interessen genutzt werden. Im eigenen Portemonnaie sieht man jederzeit, wie viel Geld man noch hat, auch die haptische Wahrnehmung ist hilfreich. Die Umerziehung zu einem Konsumtrottel ohne finanzielle Reserven sollten Sie sich nicht bieten lassen!

Wenn Sie dieses Thema gepackt hat, dann können Sie sich politisch engagieren, um die Enteignungsmaschinerie zu stoppen und die Freiheiten zu sichern, die nicht-totalitäre Gesellschaften auszeichnen. Um sich konkret für die Erhaltung des Bargelds einzusetzen, bietet neben anderen die Initiative www.stop-bargeldverbot.de eine gute Möglichkeit, sich zu beteiligen.

Einführung

Können Sie sich an den Gedanken gewöhnen, überhaupt kein Bargeld mehr zu haben? Wie wäre es, wenn im Portemonnaie nur noch Plastikkarten wären? Ist es für Sie vorstellbar, alle Transaktionen, auch den Kauf eines Kaugummis in einem Kiosk, mit Plastikgeld zu bezahlen?

Für viele Mitbürger ist das wohl derzeit noch nicht denkbar. Im Gegensatz zu Skandinavien oder den angelsächsischen Staaten haben sich elektronische Zahlungsmittel in Deutschland noch nicht so weit durchgesetzt. Vor allem bei kleineren Beträgen zückt man doch eher einen 10-Euro- oder 5-Euro-Schein aus der Tasche, verbunden mit ein bisschen »Klimpergeld«.

Während in den USA die Nutzung von Bargeld im Supermarkt unüblich ist, sind wir hierzulande daran noch gewöhnt. Jüngere Menschen mögen einen Schritt weiter und plastikgeldaffiner sein. Bargeld ist dennoch nach wie vor ein sehr breit akzeptiertes Zahlungsmittel, zumindest hier bei uns. Eine Abschaffung erscheint abwegig, gar absurd. Wirklich absurd?

Von der Bundesbank kommen eher beruhigende Botschaften. Bargeld ist demnach sowohl für den Zahlungsverkehr als auch zur Wertaufbewahrung noch sehr gefragt; eine Abschaffung ist nicht vorgesehen. So zitierte der frühere Bundesbank-/EZB-Chefökonom Ottmar Issing bei einem Symposion kürzlich den russischen Schriftsteller Fjodor Dostojewski: »Geld ist geprägte Freiheit.« So schrieb er vor mehr als 150 Jahren in seinen Aufzeichnungen aus einem Totenhaus. »Der Klarheit wegen müsste man«, so Issing, »heute betonen: ›Bargeld ist geprägte Freiheit‹.«[25]

Das hört sich gut an, und viele Bundesbürger empfinden das wohl auch so.

Im Rahmen der Vortragsreihe Munich Lectures in Economics des Center for Economic Studies (CES) mit Professor Kenneth S. Rogoff, der Thomas D. Cabot Professor of Public Policy und Professor der Volkswirtschaftslehre an der Harvard University ist, wurde im November 2014 die Frage der Bargeldabschaffung neu aufgeworfen. Bis zu diesem Zeitpunkt schien das Thema nicht aktuell zu sein.

Das ist es aber doch! Die Finanzkrise von 2007 ist zu einem dauerhaften Phänomen geworden. Sie ist nicht gelöst. Vielleicht ist die Lage jetzt sogar noch dramatischer als damals. Derzeit überschwemmen die Zentralbanken die Märkte mit Geld fast zum Nulltarif. Wir haben uns beinahe schon daran gewöhnt. Wie wäre das bei negativen Zinsen? Würden sie auch akzeptiert? Die Verunsicherung ist spürbar. Die ersten Banken sind schon vorgeprescht, um Negativzinsen durchzusetzen.

Erkennen Sie jetzt, warum Bargeld für Sie vorteilhaft ist?

Thorsten Polleit weist darauf hin, dass Bargeld weiter beliebt ist, was Politikern missfallen müsste.[26] Der US-Dollar in Bargeld ist international verstärkt verbreitet, ein Reflex auf die zunehmende ökonomische Unsicherheit. Auch in Europa ist der Euro in Form von Münzen und Papiergeldscheinen populär.

Bei dem Horten von Bargeld, zum Beispiel unter dem Kopfkissen, verlieren Sie zumindest nicht beim Nominalwert. Anders sieht das aus, wenn Sie das Geld auf dem Konto lassen – je nachdem, wie hoch der Negativzins ausfällt. Gäbe es kein Bargeld mehr, ließen sich Negativzinsen und damit eine sukzessive Enteignung leichter durchsetzen.

Angesichts der anhaltenden Überschuldung von Banken und Staaten und der Notwendigkeit, sich finanziell Luft zu verschaffen, bleiben Sie als Bürger wichtig, genau genommen natürlich nur Ihr Guthaben, falls vorhanden. Schlecht informiert und daher schlecht organisiert sind die Normalbürger das letzte Glied im Umverteilungssystem und können sich nicht leicht zur Wehr setzen.

Ob das gerecht ist oder nicht, lassen wir hier mal außen vor. Klar ist: Die Bargeldabschaffung ist nützlich aus Sicht von Verkaufsplattformen im Internet, Kartendienstleistern, Banken und Staaten. Es wird nicht nur vermieden, dass Bargeld gehortet wird, weil die Bürger bei Negativzinsen einen relativen Zinsverlust vermeiden wollen, sondern kann auch viel leichter besteuert werden. Deswegen ist die Bargeldabschaffung für bestimmte Kreise hochattraktiv.

Man wird Ihnen sagen, dass es um die Bekämpfung von Kriminalität geht. So zeigte Professor Rogoff bei seinem ersten Vortrag im Rahmen der Munich Lectures in Economics des Center for Economic Studies (CES) vor Wirtschaftswissenschaftlern und Studenten der LMU in München im November 2014 ein Bild mit Waffen auf einer Unmenge von Papiergeldbündeln. Dieses abschreckende Foto wirkte suggestiv und wohl für viele einleuchtend. Man braucht keine langen Erklärungen. Die Befürworter der Bargeldabschaffung argumentieren: Bargeld ist gleich Kriminalität – und damit eben nicht geprägte Freiheit, sondern eine Gefahr für die Allgemeinheit.

Stimmt das so? Müssen wir uns kurzfristig auf die Bargeldabschaffung einstellen? Und ist Plastikgeld wirklich gleichbedeutend mit sauberem Geld? Das ist nicht klar. Die Privatwirtschaft will verdienen, der Staat sucht nach Besteuerungsmöglichkeiten. Im Verbund von Banken und Staat(en) erlaubt Plastikgeld auch eine relativ unauffällige Umverteilung. Damit wäre eine Enteignung leichter denn je.

Unklar ist auch, ob sich mit der Bargeldabschaffung die Kriminalität eindämmen oder sogar ganz abschaffen lässt. Es ist zu vermuten, dass sie sich nur verlagert, gegebenenfalls sogar verstärkt, wie die Beispiele von Datenklau im Internet zeigen. Auch in dieser Hinsicht wäre dann nichts gewonnen.

Mit der Bargeldabschaffung würde die Rolle des Geldes als Wertspeicher massiv eingeschränkt. Lassen sich die Bürger so zum Konsum zwingen, um die Wirtschaft wieder anzukurbeln? Oder suchen sie verstärkt alternative Wertspeicher, um zu sparen und selbst – unabhängig von Staat und Banken – für die Zukunft vorzusorgen?

Ein Vorrat an Gold- und Silbermünzen ist hilfreich als Versicherung gegen Abwärtsrisiken. Da Gold traditionell schneller verboten wird, ist das Industriemetall Silber – dies zeigt zumindest die Vergangenheit – weniger riskant. Bei einer Edelmetallanlage ist in Kauf zu nehmen, dass sie keine laufende Rendite abwirft, aber das fällt derzeit kaum negativ auf. Die Zinsen sind ohnehin extrem niedrig und stützen die Assetpreise, auch die von Gold und Silber. Ansonsten sind Sachwerte weiter Trumpf, sie sollten den Hauptteil der Vermögensanlage bilden. Staatsanleihen sind für die Altersvorsorge ungeeignet. Sie bieten oft nur Risiko ohne Rendite. Daher gilt hier: Finger weg!

Bargeldabschaffung: »Es geht nur vordergründig um die organisierte Kriminalität«

Interview mit Ulrich Horstmann

Die Fragen stellte Christoph Rohrmoser[27]

Kommt die totale Kontrolle? Ulrich Horstmann, Autor von Bestsellern wie Die geheime Macht der Ratingagenturen, im Interview zu seinem neuen Buch über die Abschaffung des Bargeldes.

Börse-Express (BE): Herr Horstmann, Sie schreiben derzeit zusammen mit Professor Gerald Mann an einem Buch zum Thema »Bargeldabschaffung«. Was war der Anlass?

Ulrich Horstmann: Wir hatten über dieses Thema einige Male gesprochen. Konkreter wurde die Buchidee nach dem Besuch einer Vorlesungsreihe von Professor Kenneth Rogoff in München im November letzten Jahres (2014, Anmerkung der Verfasser). Der Autor des Buches *Dieses Mal ist alles anders* (das er mit Co-Autorin Carmen Reinhart geschrieben hat) zeigte einen Umsetzungsvorschlag für das sukzessive Abschaffen von Bargeld in den USA.

Das Thema Bargeldabschaffung schien demnach weit vorgedacht zu sein. Es handelt sich offensichtlich nicht mehr um eine realitätsferne Vision. Dennoch bleibt es für viele abwegig oder wird sogar als Science-Fiction betrachtet. Wenig beruhigend war auch die Aussicht, dass die Bargeldabschaffung nach Ansicht von Professor Rogoff über kurz oder lang sowieso kommt und dass man sich an den damit einhergehenden Freiheitsentzug gewöhnen müsse.

BE: Besonders in Skandinavien bestehen eine große Blauäugigkeit bezüglich der Bargeldabschaffung und keinerlei Problembewusstsein. Woran mag das liegen?

Horstmann: Der sozialistisch-paternalistische Wohlfahrtsstaat bevormundet vermeintlich fürsorglich seine Bürger. Diese Politik ist nicht freiheitlich und schwächt die Verantwortungsbereitschaft der Bürger. Eine derartige Verbotspolitik steht auch im Kontext einer Angleichung an die fortgeschrittene Plastikkultur in angelsächsischen Staaten.

BE: In den USA findet die Bargeldabschaffung de facto seit Jahrzehnten statt. Denn die größte Dollarnote (100 Dollar) war zwar bei der Gründung der Fed circa 2.500 Dollar an heutiger Kaufkraft wert, ist inzwischen aber nur mehr ein schlechter Scherz. Woran liegt es, dass nie inflationsbedingt größere Scheine ausgegeben wurden – von nicht verkehrsüblichen Sonderbanknoten mal abgesehen?

Horstmann: Die Bekämpfung des Bargelds ist eben nicht neu. Große Scheine ermöglichen eine bessere Lagerung auch in kleinen Privattresoren. Das wollen Staaten und Banken im Zweifel eher erschweren, da das Geld dem Zirkulationskreislauf entzogen ist.

BE: Es heißt gerne, die Ausgabe von Geldscheinen verursache viele Kosten. Dennoch erzielen die Notenbanken im Normalfall nicht unbedeutende Gewinne. Gibt es zu den Kosten einige Fakten?

Horstmann: Mit dem Kosten- oder Steuerungsaspekt allein lässt sich die Bargeldabschaffung nicht rechtfertigen. Durch die Bargeldabschaffung wird mit einem Absinken der Gewinne durch die Geldausgabe gerechnet. Erträge durch höhere Steuereinnahmen und geringere Kriminalität sollen aber einen wesentlichen Ausgleich schaffen.

BE: In Italien, Frankreich, Spanien, Griechenland wurden Barzahlungen auf 1.000 Euro beziehungsweise auf 3.000/2.500/1.500 Euro begrenzt. Provokativ gefragt: Ist deshalb die Mafia verarmt?

Horstmann: Natürlich ist die Mafia deswegen nicht verarmt. Es geht nur vordergründig um die organisierte Kriminalität, vor allem jedoch um eine breitere Kontrolle unter dem Aspekt der Steuereintreibung und nicht zuletzt darum, Negativzinsen besser durchsetzen zu können.

BE: Sehen Sie die Möglichkeit, die Bevölkerung zu sensibilisieren? Ich bin da sehr skeptisch angesichts der »Ich-habe-nichts-zu-verstecken«-Mentalität, mit der fast jeder sein Innerstes auf Facebook, Twitter und Co. bereitwillig nach außen kehrt ...

Horstmann: Richtig, der Untertanengeist und das Gefühl, dass alles richtig läuft und man im Zweifelsfall sowieso nichts dagegen tun kann, nehmen anscheinend wieder zu. Diese passiv-lethargisch bis resignative Grundhaltung passt nicht zu aufgeklärten kritischen Bürgern in einer freiheitlichen Demokratie. So eine Haltung erinnert eher an frühere totalitäre Systeme.

Facebook-Gründer Mark Zuckerberg ist zum Beispiel angeblich nicht bereit, sein Privatleben in einem sozialen Netzwerk öffentlich zu enthüllen, auch wenn sein Geschäftsmodell darauf basiert, eben das zu tun. Da kann man jedem nur raten, sein Privatleben ebenfalls vor zu viel Zugriff zu schützen.

Das Internet ist da eine offene Flanke, und der Datenschutz scheint dem veränderten Zeitgeist entsprechend nach und nach angepasst zu werden. Dies ist ganz im Sinne der Geheimdienste und der kommerziellen Nutzer der Daten. Auch sie leben gut vom Exhibitionismus der User.

Die Sensibilisierung kann vermutlich nur dadurch gelingen, dass man immer wieder appelliert, wachsam zu bleiben. Die eigenen Daten sollten – wenn sie schon im Netz sind – bestmöglich geschützt werden. Wirklich sicher ist vermutlich nur eine komplette Kommunikationsverweigerung im Netz, aber so eine radikale Haltung ist wohl unrealistisch und extrem selten.

BE: Einerseits sind die Banken inzwischen sehr unbeliebt, andererseits werfen ihnen die Leute doch nach wie vor bereitwillig das Geld via Kreditkarten- und Bankkarten-Transaktion in den Rachen. Wieso gibt es hier nicht eine stärkere Verweigerungshaltung?

Horstmann: Bequemlichkeit und Gewöhnungseffekte verdrängen das Bargeld nach und nach. Das ist ein schleichender Prozess. Die damit einhergehende Verringerung der Privatheit bei Geldgeschäften, die Dritte nichts angehen, wird offensichtlich hingenommen.

Man denke doch mal an den Grundsatz, dass das eigene Konto auch dem staatlichen Zugriff zu entziehen ist. Nur im Ausnahmefall war das sogenannte Bankgeheimnis anzutasten. Im Regelfall wurde den Bürgern kein kriminelles Handeln unterstellt. Dies mag zwar heute noch so sein, aber nicht mehr so ausgeprägt, denn inzwischen scheint die Beweislast mehr und mehr bei den Bürgern selbst zu liegen.

Mit dieser gewandelten Geisteshaltung wird weniger protestiert. In einem zunehmend kontrollierenden Staats- und Bankensystem könnte dies als Schuldeingeständnis für Fehlverhalten gesehen werden, nach dem Motto: Der hat was zu verbergen! Zeigen Sie bitte, dass Sie unschuldig sind! Das erinnert dann wieder eher an totalitäre Systeme.

BE: Nicht nur in Deutschland und Österreich ist Bargeld verbreitet: Laut Statistik der Schweizer Nationalbank hat sich der Umlauf seit 2007 um 20 Milliarden Franken erhöht. 60 Prozent sind 1000-Franken-Noten. Wegen der Negativzinsen nimmt dies derzeit noch stark zu. Wie soll ein Bargeldverbot überhaupt funktionieren, solange man einfach in Franken wechseln kann?

Horstmann: Bei einem Bargeldverbot einzelner Staaten sind zunächst Umgehungen möglich. Vor allem stabile Fremdwährungen mit Beibehaltung des Bargelds werden dadurch attraktiver. Am Ende steht dann eine international verzahnte Bargeldabschaffung, die das finanzielle Abschöpfen auch für globale Konzerne erleichtert.

BE: Anders als in Österreich und Deutschland ist in der Schweiz die Bezahlung mit Posterlagscheinen (Einzahlungsscheinen) noch sehr verbreitet. Der Einzahler zahlt keine Gebühren (!), also keine unverschämten 3 bis 10 Euro wie in Österreich und Deutschland üblich. Beim Online-Kauf bekommt man häufig eine Rechnung mit angehängtem Posteinzahlungsschein, den man ausdrucken kann und der bei der Post in dieser Form akzeptiert wird. In Österreich dagegen zahlt man nicht nur Gebühren, sondern es wird häufig selbst wegen einer 100-Euro-Barüberweisung ein Ausweis verlangt. Gibt es ein Gesetz, das in der EU so etwas vorschreibt?

Horstmann: Die Schweiz, obwohl im Ausland vielfach als kapitalistisch gebrandmarkt, zeigt sich offensichtlich hier sozialer als Österreich oder Deutschland. Ein entsprechendes Gesetz, das die genannten Abschöpfungsformen vorschreibt, ist mir nicht bekannt.

BE: Wie sehen Sie das Verbot von Inhaberaktien im Lichte des Bargeldverbotes? Nicht umsonst heißt doch AG im romanischen Sprachraum Société Anonyme ...

Horstmann: Richtig! Da gab es doch in der DDR den Song Sag mir, wo du stehst! Spaß beiseite: Dies sind alles typische Indizien für einen Schwenk in Richtung zu mehr Kontrolle und Überwachung. Solche Systeme nannte man früher Polizeistaaten. Der sich modernster technischer Mittel bedienende Staat kann im Verbund mit Wirtschaftsunternehmen, die ebenfalls Interesse an den Daten haben, ein großes Rad drehen. Das Argument der Terrorismus- und Geldwäschebekämpfung überzeugt nicht, zumal das Recherchen zufolge in diesem Feld kaum eine Rolle spielt. Fraglich ist daher, ob ein solch harter Eingriff in die Gestaltungsfreiheit der Gesellschaften und ihrer Aktionäre ausreichend begründet ist.

BE: Mit Plastikgeld kann man nicht ausgeraubt werden, daher soll Plastikgeld beziehungsweise ein implantierter Chip sicher sein. Wirklich? In SF-Filmen wird dann eben bei Bedarf gleich der ganze Arm amputiert …

Horstmann: Das Argument überzeugt überhaupt nicht, vor allem vor dem Hintergrund der steigenden Hacker-Kriminalität. Es verlagert sich dann nur in diese Richtung.

BE: Können Sie sich vorstellen, dass ein großer Hacking-Skandal betreffend Finanztransaktionen etwas Nachdenklichkeit bezüglich Bargeld bringen könnte?

Horstmann: Ja, das könnte zum Nachdenken führen. Vielen sind die Folgen einer Bargeldabschaffung nicht bewusst. Mit dem besseren Durchsetzen von Negativzinsen wird eine elegante, »geräuschlose« Enteignung möglich. Politiker im modernen Lenkungsstaat werden – Hand in Hand mit großen, auch im Internet agierenden Dienstleistern – versuchen, mehr Konsum zu erzwingen. Mein Mitautor Professor Gerald Mann spricht deshalb im Zusammenhang mit der vorgesehenen Durchsetzung von Negativzinsen von einer »Konsumverweigerungssteuer«. Es geht darüber hinaus wieder ein Stück bürgerliche Freiheit und Unabhängigkeit verloren.

BE: Herr Horstmann, danke für die Ausführungen und gutes Gelingen bei Ihrem neuen Buch zur Bargeldabschaffung!

Bargeldabschaffung – ein Szenario

Noch vor wenigen Jahren wäre das folgende Szenario vielleicht als zu absurd empfunden worden. Inzwischen hat es eine Reihe von Überraschungen gegeben, wie zum Beispiel die Aushebelung des Maastricht-Vertrages, immer umfangreichere Rettungspakete in der Eurozone, die Einführung einer Bankenunion sowie den Ankauf von Schrottpapieren durch die Zentralbanken in der Eurozone. Gibt es noch irgendeine ordnungspolitische Regel, die nicht zu brechen wäre? Not macht erfinderisch.

Bereits jetzt sind einige Schritte zur Einschränkung von Bargeldzahlungen erfolgt, wie die folgende Übersichtstabelle zeigt:

2005 in der EU	Eine Anmeldung beim Zoll muss dann erfolgen, wenn Personen mit Barmitteln im Wert von 10.000 Euro oder mehr in die EU ein- oder ausreisen. Mit der europäischen Verordnung Nr. 1889/2005 (26. Oktober 2005) würden, so wird argumentiert, Geldwäsche, Terrorismusfinanzierung und andere illegale Handlungen bekämpft (Broschüre Travelling with € 10 000 or more? Don't forget to declare it! der EU-Kommission[28]).
2009 in der EU	Richtlinie 2009/110/EG des Europäischen Parlaments und des Rates über die Aufnahme, Ausübung und Beaufsichtigung der Tätigkeit von E-Geld-Instituten, zur Änderung der Richtlinien 2005/60/EG und 2006/48/EG sowie zur Aufhebung der Richtlinie 2000/46/EG (16. September 2009).
2010 in Schweden	Kampagne zur Bargeldabschaffung »Bargeldfrei jetzt!« (Kontantfritt Nu), getragen von der Gewerkschaft für Finanzdienstleister »Finansförbundet« und »Svensk Handel«,[29] mit Sprüchen wie »Bargeld braucht nur noch deine Oma – und der Bankräuber« oder »Bargeld ist das Blut in den Adern der Kriminalität«.
2011 in Griechenland	Ab Jahresanfang 2011 werden Geschäfte mit einer Barzahlung von 1.500 Euro und mehr illegal, wenn zumindest ein Partner gewerblich aktiv ist.[30]
2012 in Italien	Barzahlungen von mehr als 1.000 Euro sind in Italien seit Anfang 2012 verboten (Direktive zur Nachvollziehbarkeit von Finanzierungen, vor der Barzahlung mit hohen Beträgen wird gewarnt).[31]

2012 in Spanien	Barzahlungen von über 2.500 Euro sind nach einem Gesetz vom 30. Oktober 2012 verboten, wenn eine der Parteien professionell oder gewerblich tätig ist. Es dient angeblich dem Kampf gegen Steuerbetrug.[32]
2014 in Belgien	Seit Januar 2014 hat sich die zulässige Bargeldsumme für Waren und Dienstleistungen von 5.000 Euro auf 3.000 Euro verringert.[33]
2015 in Frankreich	Ab September 2015 wird für Bürger, die in Frankreich leben, die Bargeldzahlungsgrenze auf 1.000 Euro (bis dahin 3.000 Euro) begrenzt. Für ausländische Bürger liegt die Grenze – um den Tourismus nicht zu stark zu beeinträchtigen – bei 10.000 Euro (bisher 15.000 Euro).[34]

Schritte zur Bargeldabschaffung

Die Einschränkung der Bargeldnutzung scheint Methode zu haben. Die Abschaffung des Bargelds könnte schneller kommen, als Sie denken. Sie ist inzwischen aber offensichtlich sehr weit vorgedacht. Dafür sprechen unter anderem die oben genannten Regulierungen in der EU, und auch im Finanzsektor werden Barzahlungen immer weiter verdrängt.

Michael Kemmer, Hauptgeschäftsführer und Mitglied des Vorstands Bundesverband deutscher Banken, erklärte bei einem Bargeldsymposium der Deutschen Bundesbank am 12. Oktober 2012: »Die digitale Gesellschaft von heute und morgen wird die bewährten Zahlungsverfahren auf den Prüfstand stellen und früher oder später auch das Bargeld in Bedrängnis bringen.«[35]

Die Bargeldabschaffung ergibt aus Politik- und Bankensicht Sinn, wenn eine Steuerung und schleichende Enteignung der Bürger angenehmer beziehungsweise »geräuschloser« ist als der Offenbarungseid eines harten Schnittes.

Ein solch radikaler Schnitt wäre eine sanierende Währungsreform. Diese ist ein wiederkehrendes geschichtliches Ereignis, also eigentlich nichts Außergewöhnliches. Bereits jetzt gilt in einigen Staaten der Eurozone eine Höchstgrenze für Bargeldgeschäfte. Sie liegt in Spanien bei 2.500 Euro und in Frankreich bei 3.000 Euro, mit Ausnahmen. In Griechenland liegt die Hürde bei 1.500 Euro. Spitzenreiter ist Italien: Seit Anfang 2012 sind Bargeschäfte über mehr als 1.000 Euro verboten.

Besonders weit entwickelt ist die Kartenzahlung in Skandinavien und den angelsächsischen Staaten, aber auch hier gibt es noch Widerstand. So kam es bei der britischen HSBC zu Tumulten unter den Kunden, weil die Bankmitarbeiter sich weigerten, am Schalter große Beträge zwischen 5.000 und 10.000 Pfund in bar auszuzahlen, wenn die Kunden keinen Beleg über den Verwendungszweck vorlegen konnten.

Die Proteste (»Willkür«, »Unverschämtheit«)[36] führten zu einer Entschuldigung der Bank bei ihren Kunden. Auch in Schweden gibt es noch Bedenkenträger. Die Gewerkschaftlerin Marie Löök hielt 2010 dagegen, wer Bargeld nutze, habe oft etwas zu verbergen, und erklärte: »Schließlich bezahlt man auch Prostituierte nur ungern mit der Kreditkarte.«[37] In Schweden ist die Prostitution verboten und kann Gefängnisstrafen zur Folge haben.

Martine Syrjänen von der Gewerkschaft der Handelsangestellten sieht die Vorliebe auch nicht krimineller Bürger als »kulturellen Widerstand«. Das Ganze sei »eine Frage der Gewohnheit, speziell bei alten Leuten«. Dabei ist aus ihrer Sicht der bargeldlose Einkauf für Rentner viel besser, denn »die verlieren doch sonst immer alles«.[38]

Folgendes Szenario einer Bargeldabschaffung in Europa halten wir jetzt für möglich (Anmerkung zur Neuauflage 2019/2020: Das ursprünglich formulierte Szenario haben wir angepasst).

2021/2022: Der »War on Cash« (= Kampf gegen Bargeld) wird verschärft. Einerseits werden bargeldlose Bezahlsysteme immer bequemer und die Bargeldnutzer als anachronistisch verteufelt, andererseits werden Bargeldzahlungen erschwert und angesichts tiefer gesetzter Negativzinsen sowie durch Gebühren beim Geldabheben unattraktiver. Das Facebook-Geld *Libra* hat sich erfolgreich durchgesetzt und zum Kollaps einiger hochverschuldeter Regierungen geführt.

Bargeld wird als klimaschädlich bezeichnet. Die umständliche Logistik zur Sicherstellung der Bargeldversorgung wird medial immer stärker thematisiert – ebenso der vermeintlich hohe Anteil von Bakterien; von 20.000 Bakterien und 3.000 Bakterienarten ist die Rede. Insbesondere die großen Kartenanbieter weisen verstärkt darauf hin, dass Bargeld unhygienisch ist. Das Bild hässlich schmutziger und angeblich krank machender Geldscheine, durch die vielleicht sogar Epidemien verstärkt werden könnten, wird in den Medien verbreitet.

Ob und inwieweit das von Bakterien befallene Geld gesundheitsschädlich ist, steht danach im Mittelpunkt der Berichterstattung. Im Zweifel wird natürlich die Gesundheit der Bevölkerung als wichtiger erachtet. Die Bürger reagieren zum Teil missmutig, aber nach einiger Zeit setzt sich die Einsicht durch, dass man sich mit der Abschaffung des Bargelds abfinden muss (»Ich habe doch nichts zu verbergen!«).

Dann wird entschlossen gehandelt und ein konkreter Umsetzungsvorschlag für eine sukzessive Bargeldabschaffung vorgestellt. Zuerst kommen die 200-Euro- und die 100-Euro-Scheine an die Reihe, die nicht mehr hergestellt werden sollen. (Anmerkung zur Neuauflage 2019/2020: Die Produktion des 500-Euro-Scheines wurde zwischenzeitlich beendet.) Dabei werden der Bevölkerung Bilder von Waffen und Papiergeldbündeln gezeigt. Die Bekämpfung des internationalen Terrorismus, der Kriminalität, der Geldwäsche und der Steuerflucht werden medial in den Fokus gerückt. Das scheint zunächst zu überzeugen. Die kleineren marktgängigen Scheine bleiben vorerst erhalten.

2022/2023: Die 100-Euro- und 200-Euro-Scheine sind ausgesondert, die Möglichkeiten, Bargeld einzusetzen, werden weiter eingeschränkt. Gleichzeitig werden nun europaweit plangemäß innerhalb von ein bis zwei Jahren auch die 50-Euro- und die 20-Euro-Scheine aus dem Verkehr gezogen.

Angesichts der Negativzinsen und anhaltend schlechter wirtschaftlicher Nachrichten stößt diese Einziehung der marktgängigeren Scheine auf Proteste – vor allem bei Italienern und Franzosen und nicht zuletzt bei den nach wie vor bargeldaffinen Deutschen. Der Versuch der Regierungen im Verbund mit der EZB, die Teilenteignung und Kontrolle der Bürger voranzutreiben, löst bereits vereinzelt Demonstrationen aus. Das Kollektiv der verschuldeten EU-Staaten schlägt danach zurück: In immer aggressiveren Medienkampagnen werden die Gegner der Bargeldabschaffung als Terrorismusunterstützer oder Befürworter von Steuerhinterziehung diffamiert. Wer jetzt noch für Bargeld ist, der »gehört nicht mehr zu uns«. Protestler werden so erfolgreich mundtot gemacht. Öffentliche und privat finanzierte Medien ziehen an einem Strang.

Nach und nach verstummt die Kritik. Die Bürger sind verunsichert und verängstigt. Sie wollen natürlich keine kriminellen Machenschaften unterstützen, auch besteht die Sorge vor weiteren Repressionen. Die Freiheitseinschränkungen werden als bedrückend empfunden.

Dennoch: Bequemlichkeit ist auch Trumpf, die »Sicherheit durch Kontrolle« verfängt, auch die technischen Vorzüge überzeugen viele. Die neu ausgegebenen staatlichen Geldkarten im Verbund mit der EZB können weitgehend universell eingesetzt werden. Die privatwirtschaftliche Konkurrenz durch Geldalternativen wie *Libra* schlief nicht und disziplinierte die staatlich gelenkten Geldproduzenten. Viele Regierungen denken darüber nach, mit *Libra* zu kooperieren, um kein Angriffsziel der Finanzmärkte zu werden. Zu häufig musste schon ein Bankrott erklärt werden mit der Folge harter, sanierender Reformschritte.

Von den staatlichen und privaten Digitalgeldanbietern wird uns folgendes Bild vermittelt: Das Leben wird immer angenehmer, eine schöne bunte Welt entfaltet sich, sogar die digitale Behörde wird zunehmend entdeckt, die alle bürokratischen und lästigen Vorgänge für uns »smart« erleichtern soll. Shoppen ist bequemer denn je, Smartphones sind selbstverständlicher Teil des Bezahlsystems. »Amazon Go« wird zu einem Massenphänomen. Der Konsum steigt an. Alle scheinen zu profitieren, vorübergehend nimmt sogar die Kritik der Gegner der Bargeldabschaffung ab. Sie findet aber wieder neuen Nährboden, denn es wird klar: In einer mit der Politik konzertierten Aktion wird der Handel immer höhere Gebühren für

Bargeldzahlungen erheben und so diese Bezahlvariante noch unattraktiver machen.

Das geht einige Monate so, das kann ohne einschneidende Änderungen sogar Jahre anhalten. Der Mensch ist ein »Gewohnheitstier«.

Elektronisch wird immer mehr bestellt, zur Freude der Verkaufsplattformen im Internet und der Plastikkarteninhaber. Die Verschuldung der »smart« shoppenden und das Internet nutzenden Konsumenten steigt weiter.

Aber plötzlich ist dann doch Schluss mit lustig. Die Falle schnappt mangels Bargeldalternative zu. Mit jedem Transaktionsvorgang fallen immer mehr Steuern an. Käufe werden teurer, die Konditionen der Kartendienstleister verschlechtern sich. Das Geldabrufen von der Bank wird durch Gebühren und Steuern noch unattraktiver, schließlich sind die Negativzinsen noch weiter nach unten gegangen. Auch hier gilt die ökonomische Grunderkenntnis, dass Wettbewerb für Verbraucher günstig ist. Fällt Bargeld als Zahlungsvariante weg, bleibt eben nur noch die elektronische Variante übrig und wird mit hoher Wahrscheinlichkeit teurer als vorher.

Und dann auch noch das: Bestimmten Bürger ist es plötzlich nicht mehr möglich, frei und unbeschränkt einzukaufen. Alkoholiker können kein Bier mehr kaufen, da ihre Geldkarte gesperrt ist. Dies wird als gesundheitlich notwendig eingestuft. Viele akzeptieren das Argument. Ist ja auch gut so und in ihrem eigenen Interesse. Der Staat hat schließlich eine Fürsorgepflicht für seine Bürger.

Dennoch bleibt die Sorge der Regierung und der Finanzinstitute vor einem Ansturm auf Banken (Bank Run) oder Supermärkte. Das Vertrauen ist nicht mehr da, die geldflutenden

Maßnahmen helfen auch nicht mehr. Und hier ist dann die Plastikkarte wie ein neuer Bezugsschein. Heute kannst du für 25 Euro im Supermarkt einkaufen, morgen nur für 10 Euro, übermorgen wieder für 35 Euro, aber dann nur Backwaren und so weiter. Schöne neue Welt!

Am Ende dieses Szenarios bleibt festzuhalten: Die globale Finanz- und (Staats-)Schuldenkrise oder besser Geldsystemkrise macht die Bargeldabschaffung für Digitalgeldanbieter und Politiker attraktiv. Die EZB könnte versuchen, sich selbst als »Master of Universe« der digital gesteuerten Geldversorgung zu etablieren. Wenn da nicht noch *Libra* wäre. Staatliches Monopolgeld wird disruptiv so infrage gestellt. Die staatlichen Ankerwährungen braucht *Libra* nicht mehr, die Bindung daran war nur eine Einstiegshilfe. In den neuen digital geschlossenen Systemen ist ein Bank Run in der bisherigen Form für die Kunden nicht mehr möglich. Weitere Panik erzeugende Bankschlangen wie zuletzt 2007 bei der britischen Bank Northern Rock können so unterbunden werden.

Anders beschrieben: Auch in einer reinen Digitalgeldwelt sind »Schalterstürme« (Bank Runs) möglich. Denn bei schlechten Nachrichten über eine Bank kann man ja sein Guthaben zu einer anderen Bank transferieren. Aus Sicht von Politikern, Zentralbankern und Geschäftsbankern hat der digitale Bank Run allerdings einen großen Vorteil gegenüber dem heute bekannten: Wenn einem dieser online verwehrt wird (z. B. die Webseite der Bank ist schon abgeschaltet), bekommt das An-die-Wand-Schmeißen des eigenen Laptops keiner außerhalb der eigenen vier Wände mit. Es entstehen eben keine Bilder von Hunderten oder Tausenden in einer Warteschlange vor einer Geschäftsbank. Kein Zentralbankpräsident oder Finanzminister wird mit Interviewanfragen belästigt. Das Leid des Kollektivs wird vereinzelt und damit politisch und gesellschaftlich irrelevant.

Dies führt zu einem Machtzuwachs des Staates und des sich zunehmend digitalisierenden Finanzsektors, der für die Bürger sehr unangenehm sein kann. Sie verlieren wieder ein Stück ihrer Autonomie. Ihr Vertrauen in das Finanzsystem wird nicht gerade gestärkt, wenn sie die Wahlfreiheit verlieren, auch Bargeld zu nutzen, doch dies ist ihnen nicht unbedingt bewusst. Es gibt freiheitliche Alternativen, aber dazu im weiteren Verlauf mehr.

Wir sind uns bei diesem Szenario bewusst, dass bei entsprechender medialer Vorbereitung die Abschaffung des Bargelds in einer Volksabstimmung eine Mehrheit finden könnte. Denn erfahrungsgemäß schätzt die Mehrheit der Menschen Sicherheit höher ein als Freiheit. Hier denkt man unweigerlich an Benjamin Franklins Diktum: »Wer die Freiheit aufgibt, um Sicherheit zu gewinnen, wird am Ende beides verlieren.« Selbst George Orwell, dem dieses Buch neben Friedrich August von Hayek gewidmet ist, konnte sich das zusätzliche Machtmittel, das durch die Bargeldabschaffung geschaffen wird, in seinen Romanen 1984 und Farm der Tiere nicht vorstellen.

Legenden rund um das Bargeld

Bilder sagen mehr als Worte. Menschen sind nach Gustave Le Bon beeinflussbar und leichtgläubig:

»Die Entstehung von Legenden, die so leicht in den Massen umlaufen, ist nicht nur die Folge vollkommener Leichtgläubigkeit, sondern auch der ungeheuerlichen Entstellungen, welche die Ereignisse in der Phantasie der Menschenansammlungen erfahren. Der einfachste Vorfall, von der Masse gesehen, ist sofort ein entstelltes Geschehnis. Sie denkt in Bildern, und das hervorgerufene Bild löst eine Folge anderer Bilder aus, ohne jeden logischen Zusammenhang mit dem ersten. Diesen Zustand verstehen wir leicht, wenn wir bedenken, welche sonderbaren Vorstellungsreihen zuweilen ein Erlebnis in uns hervorruft. Die Vernunft beweist die Zusammenhanglosigkeit dieser Bilder, aber die Masse beachtet sie nicht und vermengt die Zusätze ihrer entstellenden Phantasie mit dem Ereignis.«[39]

Eine solche Legendenbildung schafft die einfache Gleichsetzung Bargeld = Schwerstkriminalität. Eine solche gedankliche Verbindung ist leicht zu erzeugen. Andere Bilder und Legenden, die gezielt verbreitet werden, sind die bakterielle Verseuchung der Scheine (ein einfaches Bild) und die Gleichsetzung von Bargeld mit Steuerhinterziehung. Analog gilt das für Terrorfinanzierung. Besonders einprägsam war aber das Bild von Papiergeldbündeln und Waffen, das Professor Rogoff bei seiner Vorlesung »Rethinking Paper Currency« in München präsentierte. Im Nachhinein wirkt auch diese Darstellung als Teil einer »Werbeshow« für die Abschaffung von Papiergeld.

Mit Hinweis auf die Bargeldhortung des meistgesuchten Drogenbosses der Welt, Joaquín »El Chapo« Guzmán, lässt sich die Legende »Bargeld = Schwerstkriminalität« gut verankern. Der Freiheits- und Sicherungsaspekt tritt so gegenüber finanziellen Risiken bei der Bargeldhaltung für die breite Masse in den Hintergrund. Professor Rogoff nannte als Beispiel den Fund von etwa 200 Millionen US-Dollar in 100-Dollar-Noten bei der 2014 erfolgten Verhaftung von El Chapo.

Quelle: foxnews.com, Associated Press

Das Bild unterstützt die Botschaft, dass insbesondere die großen Bargeldnoten in Verbindung mit Schwerstkriminalität oder steuervermeidender Schattenwirtschaft stehen.[40]

Sahra Wagenknechts Empfehlung

Einen Kontrapunkt zur oben diskutierten vereinfachten Gleichsetzung von Bargeld = Schwerstkriminalität bildete die Empfehlung von Sahra Wagenknecht, das Geld von den Banken abzuziehen und Bargeld zu horten. Die Politikerin (Die Linke) empfahl den Bürgern angesichts der Mini-Zinsen, sie sollten »im Sparstrumpf sparen«.[41] Wagenknecht forderte einen Denkzettel für die Finanzpolitik der EZB und der Bundesregierung. Im Folgenden zitieren wir aus dem oben genannten Artikel:

»Die Mini-Zinsen der Europäischen Zentralbank (EZB) bedeuten faktisch eine Enteignung des Sparers, denn die Inflation frisst die Schrumpf-Zinsen wieder auf. Dazu kommen meistens noch die Kontogebühren der Kreditinstitute ...

Jetzt fordert die stellvertretende Fraktionsvorsitzende der Linken, Sahra Wagenknecht (45), in BILD die Rache des kleinen Mannes am Finanzsystem: Die Deutschen sollen lieber im Sparstrumpf sparen, statt ihr Geld weiter ohne Zinsgewinne auf der Bank liegen zu lassen!

Wagenknechts Begründung: ›Im Sparstrumpf bringt das Geld zwar keine Zinsen, aber wenigstens haften die Sparer dann nicht für Bankpleiten, die sie nicht verursacht haben.‹

Hintergrund: Nach der Zinsentscheidung der EZB Anfang September lohnt sich Sparen nicht mehr. Die Europäische Zentralbank hatte den Zinssatz im September auf das Rekordtief von 0,05 Prozent gesenkt. Die klare Botschaft von EZB-Chef Mario Draghi (67): Das Geld soll ausgegeben werden. Wer spart, wird bestraft. Kreditinstitute, die Geld lieber kurzfristig bei der Notenbank parken, anstatt es an Unternehmen zu verleihen, müssen zudem künftig einen Strafzins von 0,2 Prozent bezahlen.

Zins-Politik ist Sparbuch-steuer für kleine Leute

Sahra Wagenknecht, Finanz- und Wirtschaftsexpertin der Linkspartei, verurteilt die Zinspolitik der EZB jetzt scharf. Die Linken-Politikerin zu BILD: ›Die Nullzinspolitik wirkt wie eine Sparbuchsteuer für die kleinen Leute. Die großen Anleger verdienen an den Börsen prächtig, und die Kleinsparer müssen zuschauen, wie ihr Spargroschen Monat für Monat schrumpft.‹

Die Logik der Linken-Politikerin: Mit einem für das Finanzsystem gefährlichen ›Banken-Run‹, also dem massenhaften Abheben von Sparguthaben bei den deutschen Kreditinstituten, könnten die deutschen Sparer der Bundesregierung einen empfindlichen Denkzettel verpassen ...

- Wagenknecht zu BILD: ›Würden die Bürger massenhaft ihre Sparbücher bei den Großbanken kündigen, würde die Politik vielleicht irgendwann begreifen, dass nicht nur die Finanzhaie, sondern auch die Sparer Finanzkrisen auslösen können.‹
- Unterstützung bekommt Wagenknecht vom renommierten Wirtschafts- und Finanzexperten Max Otte (50, erkannte frühzeitig die Finanzkrise).
- Otte zu BILD: ›Wir sehen seit sechs Jahren eine schleichende Enteignung der Sparer. Und die Deutschen in der Mittelschicht zahlen dafür.‹
- Für ihn ist daher klar: ›Wagenknecht hat fachlich Recht, auch wenn sie natürlich zuspitzt.‹
- Zwei Ursachen sieht Otte für das gegenwärtige Misstrauen der Kunden in das Bankgeschäft:

- Zum einen machten die Mini-Zinsen der Zentralbank ein wirksames Sparen faktisch unmöglich.
- Zum anderen werde das einfache Sparkassengeschäft durch eine Überregulierung gerade regelrecht kaputt gemacht.
- Otte zu BILD: ›Früher brachten Sparer ihr Geld zur örtlichen Sparkasse, und die Zinsen waren verlässlich 2 Prozent höher als die Inflation.‹ Das Geld haben die Sparkassen dann unkompliziert an regionale Betriebe verliehen. ›Doch heute lohnen sich diese kleinen, regionalen Kredite nicht mehr, weil es eine viel zu teure Regulierung gibt. Deshalb kann die Sparkasse auch keine vernünftigen Zinsen mehr an die Sparer zahlen.‹
- Ärgerlich findet Otte auch die teilweise unseriösen Internet-Lockangebote mit etwas höheren Zinsen. Otte zu BILD: ›Es kann doch nicht sein, dass meine betagte Tante im Internet von Bank zu Bank ziehen und Lockangebote vergleichen muss, nur um ganz normal zu sparen.‹
- Deshalb hat Wagenknechts Sparstrumpf-Vorschlag für Otte auch seinen Reiz: ›Es gibt zwar keine Rendite, aber dafür auch kein Risiko, etwas zu verlieren …‹
- Niedrig-Zinsen kosten Sparer 23 Mrd. Euro.
- Tatsache ist: Statt für das Sparen belohnt zu werden, bestraft die Niedrig-Zins-Politik der EZB die – im europäischen Vergleich – überdurchschnittlich sparfreudigen Deutschen!
- Laut einer Studie des Versicherungsriesen Allianz haben die Niedrigzinsen den deutschen Sparern seit 2010 rund 23 Mrd. Euro aus der Tasche gezogen.«

Eigene Anmerkung dazu: Laut Professor Hans-Werner Sinn ist seit Beginn der Finanzkrise für deutsche Sparer sogar bereits ein Verlust von 300 Milliarden Euro entstanden (inzwischen nennt er bereits 700 Milliarden Euro, focus.de, 23.04.2019). focus.de, 5. Dezember 2014.[42] Nach einer Studie der DZ Bank hat jeder Sparer schon 1.400 Euro durch die Nullzinspolitik verloren, bereits in diesem Jahr (2015) kämen 900 Euro hinzu.[43]

Die *Bild*-Zeitung schrieb weiter:

»Profiteure sind hingegen die Privathaushalte aus den südeuropäischen Krisenstaaten wie Spanien, Griechenland oder Portugal, die ihre teuren Kredite jetzt umschulden und zu günstigen Konditionen zurückzahlen können. Die nahezu schuldenfreien Deutschen hingegen haben nichts davon.

Stattdessen sparen sie weiter wie die Weltmeister und setzen auf vermeintlich sichere und kurzfristige Bankeinlagen, die kaum Rendite abwerfen und in Wahrheit von der Inflation gefressen werden ...«[44]

Der Vorschlag einer – dann massenhaften – Bargeldabhebung durch Sahra Wagenknecht ist allerdings selbst destabilisierend. Er folgt der Lenin'schen Logik: »Um die bürgerliche Gesellschaft zu zerstören, muss man ihr Geldwesen verwüsten.«[45] Dennoch hat das Sparstrumpf-Plädoyer der umstrittenen Politikerin positive Aspekte: Bargeldhaltung bringt zwar keine Rendite, aber dafür auch kein Risiko (außer dem steigenden Einbruchsrisiko). Hierauf wies auch Max Otte hin. Die Risiken des Finanzsystems können bei einer Bargeldabschaffung elegant auf die Konsumenten und Sparer abgewälzt werden.

Nach Professor Rogoff sind in den USA und in Europa pro Kopf etwa 4.000 US-Dollar an Bargeld im Umlauf. In Japan, das seit vielen Jahren unter finanzieller Repression leidet, ist der Bargeldbetrag pro Kopf sogar doppelt so hoch.[46] Kenneth Rogoff nimmt Bezug auf die Forschungsergebnisse von Willem H. Buiter, einem früheren Entscheidungsträger bei der Bank of England. So kann mit der Bargeldabschaffung auch die Null-Prozent-Untergrenze für den Leitzins fallen.

Solange es Bargeld als Alternative gibt, können von den Zentralbanken allenfalls leichte Negativzinsen durchgedrückt werden. Der Handlungsspielraum für Zinssenkungen unter null, der seit dem Ausbruch der Finanzkrise 2007 zunehmend diskutiert und mittlerweile auch umgesetzt wurde, ist begrenzt – auf vielleicht maximal minus 1 Prozent.

Erst die Bargeldabschaffung schafft nach Andreas Höfert, Chefökonom der UBS, den Zugriff auf eine weitere »bedeutende, brachliegende Einnahmequelle für die Staaten«. Die »finanzielle Repression« (Sparerenteignung) bedarf der Bargeldabschaffung, um im vollen Umfang zur Wirkung zu gelangen. Nach Höferts Ansicht führt Rogoffs Idee der Bargeldabschaffung zwecks Kriminalitätsbekämpfung und Besteuerung der Schattenwirtschaft, die wir weiter unten detailliert darstellen, zu einem »orwellschen Albtraum der finanziellen Repression«.[47]

Die Offenbarung

Die Bibel soll bei dem Thema »Bargeldabschaffung« nicht ausgespart bleiben. So ist in der Offenbarung 13, 16–18 (in der »Hoffnung für Alle«-Übersetzung) zu lesen:

»Das zweite Tier brachte alle dazu – ob groß oder klein, reich oder arm, ob Herr oder Sklave –, auf der rechten Hand oder der Stirn ein Zeichen zu tragen. Ohne dieses Zeichen konnte niemand etwas kaufen oder verkaufen. Und dieses Zeichen war nichts anderes als der Name des Tieres, in Buchstaben geschrieben oder in Zahlen ausgedrückt. Doch um das zu ergründen, ist Weisheit nötig. Wer Einsicht und Verstand hat, kann herausfinden, was die Zahl des Tieres bedeutet. Hinter ihr verbirgt sich ein Mensch. Es ist die Zahl 666.«

Die christliche Tradition hat darin immer das endzeitliche Reich des Antichristen gesehen. In die heutige Zeit übersetzt könnte das bargeldfreie chipgesteuerte System ein solches Malzeichen sein. Liegt dieser Gedanke nicht nahe, wenn sich Menschen schon heute freiwillig chippen lassen?

Wenn wir schon mit biblischen Begriffen umgehen: Vielleicht wird den Bürgern mit den Möglichkeiten einer bargeldfreien Wirtschaft der »Himmel auf Erden« versprochen (»smart und easy«), es könnte aber, entsprechend ausgestaltet, auch die Hölle sein. Dazu Andreas Höfert:

»Ein vollelektronisches Geldsystem – völlig transparent, ohne jeglichen Schutz der Privatsphäre bei Transaktionen und mit dem ständigen Risiko einer Enteignung durch den Staat – bedeutet, dass Geld kein privates Eigentum mehr sein wird. Der Weg in die Hölle ist mit guten Absichten gepflastert.«[48]

Die neue bargeldfreie Welt – schön und bequem oder doch eher gefährlich?

»Bargeld ist das Blut in den Adern der Kriminalität«, sagte Stockholms Polizeipräsidentin Carin Götblad.[49]

»Am Straßenrand sitzt ein Mann in abgerissenen Klamotten. Vor sich hat er ein paar Exemplare einer Obdachlosenzeitung ausgebreitet. Wer vorbeikommt, wird angebettelt. Die Ausrede ›Kein Kleingeld dabei‹ akzeptiert dieser Mann nicht: Dieser Bettler nimmt auch Kreditkarten. Das Lesegerät dafür hat ihm die Obdachlosenzeitung zur Verfügung gestellt – finanziert wurde es von einer millionenschweren Kreditkarten-Gesellschaft. Was in Schweden schon Wirklichkeit ist, zeigt, was in Deutschland noch bevorsteht – zumindest, wenn es nach den Banken geht.«[50]

Christian Siedenbiedel beschreibt, was in Schweden schon üblich geworden ist und warum die Staaten und Banken daran interessiert sind, das Bargeld durch Electronic Cash zu ersetzen. Es geht um die Gewinne bei den Banken, auch um Kontrolle und Überwachung. Es droht die Rundum-Überwachung der Menschen.

Interessant sind in diesem Zusammenhang die Querverbindungen zwischen der Kampagne zur Abschaffung des Bargelds und den davon profitierenden Finanzinstitutionen. So unterstützt das Kreditkartenunternehmen Mastercard das ABBA-Museum als Hauptsponsor.

ABBA-Gründungsmitglied Björn Ulvaeus ist führend in der Kampagne zur Bargeldabschaffung in Schweden.

Die Gefahr, dass sich auch hochentwickelte westliche Demokratien in totalitäre Überwachungsstaaten verwandeln, ist ernst zu nehmen. Selbst der angebliche Vorbildstaat USA ist angesichts seiner Bürgerüberwachung nicht mehr über jeden Zweifel erhaben. Deutschland zeigt in seiner jüngsten Geschichte ohnehin eine starke Tendenz zu Obrigkeits- und Überwachungsstaaten (vielleicht ist die hohe Bargeldhaltung in Deutschland bis heute in gewisser Weise ein Misstrauensvotum nach den Enteignungsschocks 1923 und 1948). Ungeordnete Freiheit erscheint verdächtig. Die frühere Bundesrepublik (1949 bis 1990, vor der Erweiterung um das frühere Staatsgebiet der DDR) mag hier eher die positive Ausnahme gewesen sein. Das christlich-freiheitliche Wertefundament war ausreichend robust. Heute muss es wieder verteidigt werden.

Die technischen Überwachungsmöglichkeiten für obrigkeitsstaatliche Zwangssysteme sind vorhanden und können genutzt werden. Inländische Diktaturen wie der Nationalsozialismus oder die DDR verfügten längst nicht über die Techniken, die heute zur Verfügung stehen. Moderne Überwachungsstaaten können sich elektronischer Mittel bedienen, sie brauchen nicht mehr zigtausende Zuträger oder informelle Mitarbeiter in einem aufgeblähten Staatssicherheitsapparat. In solchen Systemen stehen Bürger unter Generalverdacht. Sie müssen ihre Unschuld beweisen. Der Staat ist dann kein Diener, sondern ein Herrscher.

Wenn Meinungspluralität nicht mehr zählt und einer allzu eng definierten Political Correctness geopfert wird, ist dies ein weiteres Zeichen, dass bürgerliche Freiheitsrechte wenig zählen. In verschärft totalitären Systemen werden menschliche Rechte, die bei uns verfassungsmäßig geschützt sind, dann mit Füßen getreten. Die wirtschaftliche Freiheit und die Meinungsfreiheit sind dabei wesentliche Politikprüfsteine.

Immer weniger scheint echte Meinungsvielfalt gewünscht. Den Bürgern wird misstraut. Die Macht staatlicher Stellen und der durch Regulierungen mit ihnen verbundenen Finanzinstitutionen wird gestärkt. Eine Zivilgesellschaft, in der Bürger untereinander Geschäfte machen, ohne dass Finanzinstitute oder der Staat dies wissen, ist bald weitgehend überwunden, wenn die Pläne zur Bargeldabschaffung durchgesetzt werden. Der Bürger ist dann nichts, das System/der Staat alles.

Die Romane 1984 von George Orwell, Schöne neue Welt von Aldous Huxley und Fahrenheit 451 von Ray Bradbury beschreiben eindrucksvoll die Probleme solcher dystopischer Zukunftsgesellschaften, die sich durch eine autoritäre bis totalitäre Regierungsform und eine Form repressiver sozialer Kontrolle charakterisieren lassen.

In George Orwells 1946/1947 geschriebenem Roman eines totalitären Überwachungs- und Präventionsstaats des Jahres 1984 will sich Winston Smith seine eigene Privatsphäre sichern. Er gerät damit massiv in Konflikt mit dem System. Der Diktator dieses repressiven Staates – verharmlosend »Großer Bruder« (Big Brother) genannt – treibt die Unterdrückung und Kontrolle seiner Bürger zur Perfektion. Das System wird unter anderem geprägt vom Zwiedenken, das dazu zwingt, offensichtliche Lügen auch noch zu glauben, und Neusprech, einer aus politischen Gründen künstlich modifizierten Sprache. Neue politische Kampfbegriffe wie »alternativlos« führen auch in unserer gegenwärtigen Realität zu einer manipulativen Steuerung des Denkens per Desinformation.

Zur heutigen Manipulation gehört, dass der Abschied vom Bargeld nur mit Vorteilen beschrieben wird: Bequemlichkeit, die leichte Erfüllung von Bedürfnissen, Konsumieren rund um die Uhr, im Internet, über Smartphones in den Geschäften. Mobile-Payment-Lösungen werden den Bezahlkomfort zwar vergrößern, aber sie liefern auch Daten, die für Dritte wichtig sind: Ihr Einkaufsverhalten, Ihre Kontodaten und Einblicke in Ihr Privatleben. Alle diese schützenswerten Informationen geben Sie anderen gratis preis.

Kommerzielle Profiteure einer zunehmend bargeldfreien Welt sind zum Beispiel Anbieter beim mobilen Bezahlen. Mit der neuen Apple Watch könnte die sogenannte digitale Geldbörse populär werden. Weitere Player neben Apple, die vom bargeldlosen Bezahlen profitieren würden, sind eBay, Facebook, Google, Samsung Electronics, Wirecard und Worldline.[51]

Vor allem die bekannten multinationalen Player aus den USA sind damit bestens positioniert für diese neue bargeldfreie Welt. Sie sind im Verbund mit Karten- und Bezahldienstleistern die neuen Gewinner und können Marktanteile zu Lasten der Banken gewinnen, da ihre Angebote vor allem für Jugendliche attraktiv erscheinen. Während der »smarte« Jugendliche mit seiner elektronischen Uhr oder dem Smartphone mit einem Klick (bequem, wie die Werbung suggeriert) zahlt, nutzt die Oma noch ihr Bargeld, das sie zeitraubend und irgendwie antiquiert aus ihrem Geldbeutel heraussucht. Mit diesen gegenläufigen Bildern wird zur Durchsetzung der bargeldfreien Welt vermutlich verstärkt operiert werden. Dabei wird völlig unterschlagen, dass die Nutzung von Bargeld zu einer höheren Selbstkontrolle des Ausgabeverhaltens führt (weil die Scheine und Münzen sichtbar weniger werden).

Die Banken als Gebührenfresser und der Staat werden sich, vermutlich sogar Hand in Hand, in den nächsten Jahren bei Ihnen für Ihre Kooperationsbereitschaft bedanken. Danach kommen Transaktionsgebühren oder -steuern, die Sie nach und nach abzocken. Konsumwünsche auf Pump, mit Kartengeld selbstverständlich. In dieser zunehmend komplexen Konsumwelt werden Sie die Kontrolle über Ihre Finanzen verlieren. Irgendwann sind Sie nur noch Schuldner, die neue Knechtschaft läuft über die Totalkontrolle, die andere über Sie ausüben.

Sie werden betreut. Die neue Realität wird bitter sein. Der »gläserne Zahler« wird über bargeldloses Bezahlen ermöglicht. Persönliche Eingriffe werden möglich, welche die dirigistische Zwangswirtschaft des real existierenden Sozialismus noch übertreffen. Steuern wir mit der Bargeldabschaffung vielleicht auf einen neuen Sozialismus zu? Wird eine Mausefalle aufgebaut, die irgendwann zuschnappt und uns unentrinnbar einsperrt?

Lebensmittelmarken können individuell smart und natürlich im Sinne der Empfänger digitalisiert gestaltet werden. So kann die Chipkarte des notorischen Trinkers und Rauchers für Alkoholika und Zigaretten grundsätzlich gesperrt sein. Der Veggie Day (Tag mit vegetarischem Essen), der an das Eintopfessen im Nationalsozialismus erinnert, kann digital erzwungen werden. An diesen Tagen kann man eben mit der Karte kein Fleisch kaufen. Ist ja auch viel gesünder!

Aber auch das »sozialverträgliche Frühableben« könnte erleichtert werden. Schwere Kost könnte man für sozial Geächtete subventionieren. Die Sozialfürsorge – vollelektronisch gesteuert. Ein ausgrenzender Terrorstaat wird technisch möglich, und machtgierige Politiker könnten sich seiner bedienen. Hitler, Stalin und Mao Zedong hätten sich sicher über bargeldloses Zahlen sehr gefreut, bereits die französischen Jakobinerrevolutionäre hätten solche Zwangsmittel zu schätzen gewusst.

Demokratien des Westens achten die Privatsphäre im Gegensatz zu totalitären Staaten. Andreas Lusser zitierte passend den Reichsorganisationsleiter der NSDAP, Robert Ley:

»Nein, in Deutschland gibt es keine Privatsache mehr. Wenn du schläfst, ist das deine Privatsache, sobald du aber wach bist und mit einem anderen Menschen in Berührung kommst, dann musst du eingedenk sein, dass du ein Soldat Adolf Hitlers bist und nach einem Reglement zu leben und zu exerzieren hast, ob Unternehmer, ob Arbeiter, ob Bürger, Bauer oder Beamter. Privatleute haben wir nicht mehr. Die Zeit, wo jeder tun und lassen konnte, was er wollte, ist vorbei.«[52]

Der Untertan – wie im gleichnamigen Roman von Heinrich Mann dargestellt – wird so in einem vermeintlich modernen Staat wieder verwirklicht. Vielleicht modern, auch innovativ und kreativ, aber letztlich nicht im Sinne der Bürger, sondern gegen ihre Interessen gerichtet. Friedrich August von Hayek hat die Gefahren durch totalitäre Staaten in seinem Buch Der Weg zur Knechtschaft beschrieben – eine Pflichtlektüre für die Gegner der Bargeldabschaffung.

Der »War on Cash« ist also ein Kampf gegen die Freiheit. Nach den Autoren Matthias Weik und Marc Friedrich bedeutet Bargeld darüber hinaus auch Unabhängigkeit, Flexibilität und

Mündigkeit.[53] Das Bankgeheimnis wird ausgehöhlt. So zählte das Bundeszentralamt für Steuern über 230.000 Kontenabrufe, im Vorjahr waren es erst 142.000 (Anmerkung: 2018 sollen die Kontenabrufe bereits fast eine Million erreicht haben, markt-intern.de, 24.05.2019[54]).[55] Der kontrollierende Staat scheint das Maß zu verlieren, auch wenn es hier vordergründig noch um das Zahlen von Steuern geht. Zur Abgrenzung des staatlichen Handelns und der wirtschaftlichen Privatsphäre stellte Ludwig Erhard (wenn auch in einem anderen Kontext) fest: »Ich bin der Meinung, dass es den Staat gar nichts angeht, wie der einzelne Staatsbürger sein Geld verbrauchen will – dass er also in diesem Sinne nicht Morallehrer zu sein hat.«[56]

Die Realität sieht inzwischen anders aus. Ihre Datenspuren sind nicht nur für kommerzielle Anwender interessant. Alle Käufe werden zunehmend überwacht, alle relevanten Daten der Konsumenten werden an die Banken und inzwischen vermutlich zum Staat weitergeleitet. Mit der Auflösung des Bankgeheimnisses ist die Privatsphäre ohnehin weitgehend verschwunden. Andreas Lusser stellt fest: »Der Druck auf das Bankgeheimnis führt in letzter Konsequenz dazu, dass den Regierenden mehr Macht über ihre Bürger in die Hand gegeben wird.«[57]

Bundesfinanzminister Schäuble räumt daher auch ein: »Das Bankgeheimnis in seiner alten Form hat ausgedient.«[58] So haben inzwischen mehr als fünfzig Länder (die EU sowie mehr als zwanzig weitere Staaten) ein Abkommen gegen Steuerhinterziehung unterschrieben, das ab 2016 in Kraft tritt. Mit dem erweiterten Datenaustausch können die Finanzämter auch die Steuern einziehen, die ihnen bislang durch Steuerflucht entgingen.[59]

Heftig kritisiert wird von Lusser der von den USA als Standard definierte Informationsaustausch Fatca (Foreign Account Tax Compliance Act), der nach seiner Ansicht ausländischen Banken, Versicherern, Wertschriftenhäusern, Fondsgesellschaften und Holdings aufgezwungen wurde.[60] Wir kommen dem »gläsernen Zahler« auch hier ein Stück näher, und Lusser zieht folgenden Schluss: »Nicht ohne Grund wird Fatca auch als Fear And Total Confusion Act und als Ausdruck eines neuen amerikanischen Steuerimperialismus bezeichnet.«

Überwachung und Kontrolle werden selbstverständlich, der innere Rückzug mancher Bürger auch. Sie fühlen sich als »gläserne Zahler« gelenkt und manipuliert. Sozialhilfe gibt es nur noch per Karte und Budget für bestimmte Produkte, die für sie vorgesehen sind. Die Gesundheitskarte ist integriert, die Behörden haben alle relevanten Informationen. Das gilt als effizientes Verwaltungshandeln. Bargeld stört nur.

Die neue bargeldlose Welt in den Werbeprospekten ist dagegen jung und smart, alles funktioniert einfach, sicher und angenehm, auch berührungslos mithilfe spezieller Lesegeräte. Die Nutzer solcher innovativen Bezahlungsvarianten werden als clever und kosmopolitisch dargestellt, wohingegen das schmutzige Bargeld nach Kriminalität, Schattenwirtschaft und nicht zuletzt Steuerbetrug riecht. Dunkle Schattengestalten von vorgestern, die nur Böses im Sinn haben ...

Die Folgen der Abschaffung des Bargelds sind der Verlust von Freiheit und Anonymität. Die persönliche Notfallkasse wird abgeschafft. Nahezu omnipotente Banken und Kartendienstleister übernehmen in Kooperation mit dem Staat die Daseinsvorsorge. Der Bürger ist entweder finanziell gläsern, oder es gilt: »Der gehört nicht mehr zu uns.« Propagandistisch werden diesen Bürgern kriminelle Motive unterstellt.

George Orwell, wie bereits erwähnt, oder das letzte Buch der Bibel, die Offenbarung, lassen grüßen. Eine nahezu totale Kontrollierbarkeit entsteht. Nach dem russischen Schriftsteller Fjodor Dostojewski ist Geld »geprägte Freiheit«.[61] Es ist zu befürchten, dass sich die Kriminalität bei einer Bargeldabschaffung nur auf die digitale Welt verlagert, möglicherweise mit schwerwiegenden Folgen. Sind die Netze wirklich ausreichend sicher, um alle Transaktionen darüber laufen zu lassen? Außerdem: Jedes Land, welches das Bargeld abschafft, würde noch verwundbarer gegenüber Cyberwar-Attacken auf Stromversorgung und Telekommunikation, die nach Medienberichten durchaus wahrscheinlicher werden. Bargeld hat im Gegensatz zu den Ansichten seiner Gegner also auch systemstabilisierende Wirkungen.

Dennoch wird von interessierter Seite weiter die Abschaffung des Bargelds propagiert. Der US-Ökonom Joseph Salerno benennt zwei große Gewinner des bargeldlosen Zahlungsverkehrs: die Finanzbranche, die an bargeldlosen Zahlungen (in Form moderner Wegelagerei) leistungslos verdient, und die Regierungen.[62] Argumentiert wird vordergründig mit Sicherheitsmaßnahmen und Verbrechensbekämpfung beziehungsweise -prävention. Eigentlich geht es um Überwachung und Kontrolle, den »gläsernen Zahler«.

Aktuelle Lage: Zentralbankenpolitik ohne Golddeckung

Die Geldwertstabilität ist für eine freiheitliche und funktionierende Gesellschaft unerlässlich. Das aktuelle Geldsystem lädt zum Schuldenmachen ein. Jegliche Warnung wird überhört. Schon in der Antike kannte man Grundsätze einer guten Staatsführung:

»Der Staatshaushalt muss ausgeglichen sein. Die öffentlichen Schulden müssen verringert werden. Die Arroganz der Behörden muss gemäßigt und kontrolliert werden. Die Zahlungen an ausländische Regierungen müssen reduziert werden, wenn der Staat nicht bankrottgehen will.«[63]

Münzverschlechterungen gab es schon im alten Rom. Im Vergleich zu heute waren die Manipulationsspielräume dennoch vergleichsweise gering. Die Münzen blieben grundsätzlich werthaltig, auch wenn ihr Edelmetallanteil drastisch reduziert wurde.

Grundsätzlich lassen sich folgende Geldformen mit abnehmender Tendenz des inneren Wertes unterscheiden:

- Gold, Silber, andere (Edel-)Metalle (bis 19. Jahrhundert)
- gedecktes Papiergeld (bis 20. Jahrhundert)
- ungedecktes Papiergeld, engl. *fiat money* (heute)

Edelmetalle, zunächst Gold und Silber, später nur noch Gold, dienten in der Zeit des sogenannten Goldstandards als Deckungsmittel für die jeweiligen Währungen. So konnte eine lange Phase wirtschaftlicher Stabilität erzielt werden. In den einhundert Jahren von 1815 bis 1914 schwankte das Preisniveau in Großbritannien nicht nennenswert. Ab der Reichsgründung 1871 war der Goldstandard auch in Deutschland das dominierende Währungssystem. Die Golddeckung wurde während des Ersten Weltkrieges aufgehoben.

Münzen spielen heute kaum mehr eine Rolle, ungedecktes Papiergeld in Form von Geldscheinen und Buchgeld prägt das heutige Geldsystem. Bargeld (also Banknoten und Münzen) sind nach wie vor gesetzliches Zahlungsmittel, das Giralgeld (Buchgeld) ist ein »Geldsurrogat« und bislang kein gesetzliches Zahlungsmittel.

Bis zur Auflösung des Bretton-Woods-Systems zu Beginn der 1970er-Jahre gaben die USA vor, indirekt über eine internationale Golddeckung das Währungssystem zu stabilisieren. Nach 1971/73 hat sich die Geldmenge extrem vergrößert und von der realwirtschaftlichen Entwicklung abgekoppelt. Nach den Anschlägen am 11. September 2001 hat sich dieser negative Trend noch verstärkt. Bei ungedecktem Papiergeld kann die Notenbank beliebig Geld »aus dem Nichts« schaffen.

Dieses ungebundene Fluten der Märkte mit Geld findet nun auch international statt, in Japan, in den USA und auch in der Eurozone, deren Geldpolitik sich nach und nach der der US-Notenbank Federal Reserve annähert.

Das Konstrukt einer unabhängigen Geldpolitik nach ordnungs- und stabilitätspolitischen Regeln, das die Bundesbank verfolgte, ist aufgegeben worden. Die Bundesbank ist in dem europäischen System der Zentralbanken trotz ihres hohen

Kapitalgewichts durch die Stimmenmehrheit traditioneller Weichwährungsländer ins Abseits gedrängt worden. Sie ist allenfalls eine mahnende Stimme am Rande.

Die neue Knechtschaft durch manipulierte Finanzmärkte mit administrierten Niedrig- und Negativzinsen könnte noch viel länger anhalten als derzeit angenommen. Das kann nach dem Vorbild Japans noch Jahrzehnte so gehen. Die Finanzinstitute haben sich daran gewöhnt, Geld zum Nulltarif zu bekommen, auch in Europa. Mit der Bankenunion in Europa mag zwar vordergründig das Ziel verbunden sein, das ungedeihliche Verhältnis des jeweiligen Staates und seiner führenden Banken zu brechen, aber was kommt dann? Zu befürchten ist, dass auch hier dem amerikanischen Vorbild gefolgt wird. Dann wäre das Druckpotenzial großer europäischer Banken gegenüber der EZB entscheidend, der Einfluss der Regierungen würde möglicherweise schwinden.

Letztlich nimmt das Erpressungspotenzial großer Banken in der EU auch zu Lasten von Einzelstaaten zu, die weiter unter Druck stehen. Aus wahltaktischen Gründen bleibt die Schuldenkrise ungelöst, obwohl harte marktwirtschaftskonforme Schuldenschnitte und Konkurse die Fehlbewertungen durch die verzerrende Geldflutung beseitigt hätten. Die EZB soll es richten. Sie kauft aber weiter nur wertvolle Zeit, welche die Schuldenkrise eher noch verschärft.

In den USA war die Zentralbank schon immer stark mit der Finanzwelt verbunden (manche sprechen von »Finanzoligarchie«). Die Banken bestimmen die Fed-Politik mit. Die Fed ist keine Behörde, und ob sie tatsächlich die Zinsen erhöht, wird sich zeigen. Wenn überhaupt, dann kommt ein ganz kleiner Schritt nach oben, kaum fühlbar für die Märkte.

Angesichts der Gewöhnung der Finanzwelt an die Null- und Negativzinsen, welche die Sparer enteignen, könnte ein Zinsanstieg durchaus zu Zusammenbrüchen von Banken und Versicherern führen. In Japan wird schon lange versucht, die Schulden des Staates und der Banken auf ein erträgliches Niveau zu reduzieren. Das Gegenteil ist der Fall. Mit einer Bargeldabschaffung hätte die Enteignung der Bürger beschleunigt werden können. Aus gutem Grund horten die japanischen Bürger weiter Bargeld.

International schreitet die Enteignung über Nullzinsen und jetzt sogar Negativzinsen voran. Sie würde mit der Bargeldabschaffung noch weiter verschärft, das wäre dann eine – wenn auch schleichende – Währungsreform mit dem Ziel, den Staatshaushalt und die Bankbilanzen zu sanieren.

Finanzkrisen – immer wiederkehrend

Die Bargeldabschaffung dient der umfassenderen Durchsetzung von Negativzinsen. Wer Bargeld hält, hat immerhin keinen Nominalwertverlust. Diese Nullzinsgrenze gilt es zu überwinden. Um Haushalten und Unternehmen die Vermeidung von Negativzinsen zu verunmöglichen, muss das Bargeld abgeschafft werden.

Die strafzinslose Bargeldhaltung wird beendet, und dann können Negativzinsen flächendeckend wirken, auch wenn das vielleicht barbarisch wirkt. Aus der Sicht von Kenneth Rogoff ist das jedoch nicht barbarischer als eine Inflation, die ebenfalls die Kaufkraft des Geldes reduziert.[64]

Damit ist die Enteignung, die man auch als Währungsreform bezeichnen könnte, besser durchzusetzen. Aber um welchen Typus einer Währungsreform würde es sich hier handeln? Dazu später, zunächst eine grobe Einführung zum Thema:

Bei Währungsreformen handelt es sich aus historischer Perspektive um immer wiederkehrende Ereignisse; in einigen Staaten traten sie vielfach auf. Häufiger als zur Zeit von metallgebundenen Währungen wurden mit dem ungedeckten Papiergeldsystem komplexe Operationen notwendig, um das Geld- und Finanzsystem wieder auf eine solide Grundlage zu stellen. Derzeit scheint das gar nicht mehr zu gelingen, denn die Interessenlage von Banken und Staaten steht dem entgegen (es ist einfach bequemer, so weiterzumachen und die Bürger die Zeche zahlen zu lassen).

Drei Währungstypen lassen sich grundsätzlich unterscheiden:

Konstituierende Währungsreform

Währungsreformen dieses Typs dienen der Schaffung einer Einheitswährung, der Erweiterung eines bestehenden Währungsgebiets oder der Schaffung einer neuen nationalen Währung in neu gegründeten Staaten.[65]

Manipulierende Währungsreform

Währungsreformen dieses Typs resultieren aus finanzpolitischen Überlegungen, die den Staat oder Staaten zur Manipulation einer Geldverfassung veranlassen.[66] Der Staat oder, wie im Fall des Euro-Verbundes, mehrere Staaten versuchen, Zugriff auf die Geldschöpfung der Zentralbank zu erlangen und sich über eine inflationäre Staatsfinanzierung reale Ressourcen anzueignen.[67]

Sanierende Währungsreform

Sanierende Währungsreformen im weiteren Sinne umfassen neben Reformmaßnahmen im monetären Sektor (sanierende Reform im engeren Sinne mit binnenwirtschaftlichen Änderungen der Geldverfassung und der Währungsbeziehungen eines Landes zum Ausland) auch die flankierenden Schritte, wie zum Beispiel fiskalische Reformen, die für den Erfolg des Reformprogramms notwendig oder förderlich sind.[68] So erfolgte die Einführung der Deutschen Mark 1948 über eine sanierende Währungsreform.

Wenn von einer Währungsreform gesprochen wird, ist üblicherweise die mit besonders hohen Vermögensverlusten für die Bürger verbundene sanierende Variante gemeint. Durch die immer weiter gestiegene Verschuldung, welche die Staaten weginflationieren möchten, wird auch dem Euro das Vertrauen der Bevölkerung immer mehr entzogen. Dann hilft nur noch eine sanierende Währungsreform, wie sie die Deutschen zuletzt 1948 erlebten.

Staatsbankrotte sind geschichtlich etwas ganz Normales, zumindest kein seltenes Ereignis, auch wenn die Regulierungen etwas anderes unterstellen (Staatsanleihen sind sicher, wodurch die Finanzierung der Wirtschaft, auch des Mittelstands erschwert wird, da hier unzutreffenderweise relativ zu hohe Risiken unterstellt werden). Staatsbankrotte treten immer wieder auf. In der Regel ist die Bereitschaft und nicht die Fähigkeit zur Rückzahlung der Schulden entscheidend.

Mehr als die Hälfte der Zahlungsausfälle treten bei einem Verschuldungsgrad von unter 60 Prozent des BIP auf.[69] Bereits ab einem Anteil der Staatsschulden von 90 Prozent am BIP bricht das Wachstum weg,[70] eine dreistellige Staatsschuldenquote ist ein Hinweis auf hohe Zinszahlungsverpflichtungen und einen zunehmend unumkehrbaren Weg in die Schuldenfalle. Die richtige Dosierung der Lehren von Keynes lautet dagegen: In Ausnahmefällen darf man, aber nicht immer.

Die Tabellen 12.2 und 12.3 in Dieses Mal ist alles anders von Carmen M. Reinhart und Kenneth S. Rogoff zeigen, dass finanzielle Instabilität ein normales historisches Phänomen ist. Sie stellen den »Zahlungsunfall« durch Inflation in der Zeitspanne von 1800 bis 2008 dar. Greift man die Länder heraus, die besonders viele Hyperinflationsepisoden aufwiesen (jährliche Inflationsrate von mindestens 500 Prozent), ergibt sich die unten abgebildete »Hitliste«. Die Jahre mit den höchsten Inflationsraten werden üblicherweise kurzfristig von einer Währungsreform begleitet.[71]

Land	Beginn des Betrachtungszeitraums	Anteil der Jahre, in denen die Inflationsrate höher war als 20 Prozent	Anteil der Jahre, in denen die Inflationsrate höher war als 40 Prozent	Zahl der Hyperinflationsepisoden (jährliche Inflationsrate von mindestens 500 Prozent)	Jahr mit der höchsten Inflationsrate und Datum der anschließenden Währungsreform in Klammern
Russland	1854	35,7	26,4	8	1923 (2/1924)
Nicaragua	1938	30,4	17,4	6	1987 (1989)
Brasilien	1800	28,0	17,9	6	1990 (16.3.1990)
Angola	1915	53,3	44,6	4	1996 (1999)
Argentinien	1800	24,6	15,5	4	1989 (März 1991)
Griechenland	1834	13,3	5,2	4	1944 (11.1.1944 und 21.1.1946)

Besonders hohe Inflationsraten seit 1800, das Jahr der höchsten Inflationsrate und das Datum der anschließenden Währungsreform nach Ländern[72]

Russland und die beiden lateinamerikanischen Staaten Nicaragua und Brasilien gehören weltweit zu den Instabilitätsspitzenreitern. Dass Argentinien und Griechenland zu den Hochinflationsländern gehören, überrascht eher weniger.

In Ländern wie Kanada, USA, den Niederlanden, Schweden oder Großbritannien blieb die Inflation dagegen seit 1800 sehr niedrig.

Land	Beginn des Betrachtungszeitraums	Anteil der Jahre, in denen die Inflationsrate höher war als 20 Prozent	Anteil der Jahre, in denen die Inflationsrate höher war als 40 Prozent	Zahl der Hyperinflationsepisoden (jährliche Inflationsrate von mindestens 500 Prozent)	Jahr mit der höchsten Inflationsrate und Datum der anschließenden Währungsreform in Klammern
Kanada	1868	0,7	0,0	0	1917
USA	1800	1,0	0,0	0	1864
Niederlande	1800	1,0	0,0	0	1918
Schweden	1800	1,9	0,0	0	1918
Großbritannien	1800	2,4	0,0	0	1800
Spanien	1800	3,9	1,0	0	1808

Besonders niedrige Inflationsraten seit 1800 und das Jahr der höchsten Inflationsrate nach Ländern[73]

Wie Rogoff in seinem Vortrag im November 2014 in München sagte, erreichen die staatlichen Verschuldungslevels inzwischen das Niveau des Zweiten Weltkriegs. Italien und Spanien wären nach seiner Ansicht bei Beibehaltung ihrer eigenen Währung auf dem Niveau wie jetzt Brasilien. Er nannte folgende Wege, um die sehr hohen öffentlichen und privaten Schulden abzubauen:

- sehr hohes Wachstum mit oder ohne Budgetdisziplin
- Schulden ignorieren und auf $r < g$ vertrauen (r bedeutet return (Rendite) und g growth (Wachstum))
- Zahlungsausfall
- Inflationsexplosion
- Finanzielle Repression
- Verlängerung des Schuldenüberhangs

Länder, die sich in ihrer eigenen Währung verschulden, haben flexible Wechselkurse und können Anleihen emittieren, sie brauchen sich nach Ansicht einiger Ökonomen keine Sorgen um Schulden zu machen. Diese Analyse ignoriert aus Sicht von Rogoff, dass sich in diesem Fall das Schuldenrisiko in ein Inflationsrisiko verwandelt. So haben Brasilien, Indien, die Türkei und viele andere Schwellenländer Inflationsraten von 6 bis 9 Prozent, wodurch ein wachsendes globales Problem entsteht. Farhi, Aguiar, Amador und Gopinath (2012) zeigen, dass Krisen bei einem zu streng gesetzten Inflationsziel noch mehr verlängert werden.

Eine Reform des Finanzsystems erfordert nach Rogoff:

- viel höheres Eigenkapital (Admati/Hellwig, 2013)
- hybride Schulden (konvertierbare Anleihen, die im Crashfalle zu Aktien umgewandelt werden (Bulow-Goldfeld-Klemperer, 2013)
- enge Grenzen für die Banktätigkeit
- einen »Chicago Plan« wie in den Dreißigerjahren, um Geldsubstitute zu verbieten, die durch Laufzeitveränderungen finanziert werden

Rogoff stellte (1983, 1985) eine Struktur zur Gründung einer unabhängigen Zentralbank zur Verringerung des Konsistenzproblems der Geldpolitik vor. Die Eurokrise ist nach seiner Ansicht weiterhin nur schwer lösbar, da Strukturreformen in Italien und Frankreich fehlen.

Schwundgeld und die Liquiditätspräferenz nach Keynes

Silvio Gesell (1862–1930) stieß mit seinen Geldreformvorschlägen in den Zwanzigerjahren auf ein breites Interesse, nicht zuletzt durch die Hyperinflationsphase in Deutschland. Er propagierte bereits früh die Idee, Geld müsse nach und nach progressiv an Wert verlieren. Dadurch war für ihn sichergestellt, dass der Besitzer sein Geld schnell ausgibt, wodurch die wirtschaftliche Aktivität zunimmt.[74]

So könnten Banknoten entsprechend ihres Nominalwertverfalls abgestempelt werden (= Stempelgeld). Irving Fisher und John Maynard Keynes interessierten sich für die Vorschläge von Gesell; Keynes gab aber zu bedenken, dass den Banknoten ihre Liquiditätsprämie genommen würde, wenn sie abgestempelt werden. Dann träten andere Surrogate an ihre Stelle, wie Giralgeld, Juwelen und Edelmetalle.[75] Mit sinkenden Zinsen steigt nach Keynes die Liquiditätspräferenz, da die Opportunitätskosten (= entgangene Zinsen) für Bargeldhaltung sinken. Das Gleiche gilt für Gold- oder Silbermünzen. Bei einem negativen Zins müsste die Nachfrage nach Bargeld förmlich explodieren.

Während das Spekulationsmotiv der Kassenhaltung zinsabhängig ist, hängt die Geldnachfrage nach dem Transaktions- oder Vorsichtsmotiv an dem Aktivitätsniveau der Wirtschaft und an den eigenen geschäftlichen Dispositionsnotwendigkeiten. In den aktuellen Finanzkrisenzeiten nimmt die Liquiditätshaltung zu und erhöht die aufgrund von Nullzinsen ohnehin bereits hohe Geldnachfrage.

Die finanzielle Repression führt für viele Sparer und Geldhalter zu einer Teilenteignung. Damit zerstören der Staat und die Notenbank die erfreuliche Sparkultur, die sich im Norden Europas über Jahrhunderte entwickelt hat.

Aus dem alten Sparermotto »Spare in der Zeit, so hast du in der Not« wird »Spare in der Zeit, so verlierst du in der finanziellen Repression«.

Mit der geplanten Abschaffung des Bargelds bliebe die eiserne Reserve, deren Opportunitätskosten durch den Zins bestimmt werden, weiter wichtig. Ob das Ausweichen auf Silber- oder Goldmünzen dann noch möglich ist, hängt von der Rigidität der Entscheidungsträger ab. Es ist im Zusammenhang mit einer immer interventionistischeren Wirtschaftspolitik nicht auszuschließen, dass auch diese Alternativen durch Verbot erschwert bzw. unmöglich werden.

Während der natürliche Zins deutlich positiv und stabil ist, ist der künstlich nach unten gedrückte administrierte Zentralbankzins gegebenenfalls sogar negativ. Das führt zu weiteren Friktionen. Um die Negativzinsen allgemein durchzusetzen, ist die Bargeldabschaffung, wie bereits beschrieben, ein wichtiger zusätzlicher Schritt. Damit werden die relativen Vorteile der Sparer bei Bargeldhaltung beseitigt.

Diese weitere Währungsreform ist eine klare Enteignung. Sie ist sanierend, aber nicht für Sie, liebe Leser. Die Bargeldabschaffung ist für Banken und Staaten attraktiv, die den vollen Zugriff auf Ihre Finanzdispositionen bekommen. Konsumverweigerung soll durch hohe Gebühren und Steuern unterbunden werden. Die Dauerkrise wird so nur verlängert. Weitere

Fehlbewertungen durch den verzerrenden Zins werden provoziert.

Die Bargeldabschaffung würde auch die finanzielle Entmündigung der Bürger noch beschleunigen. Wenn die eiserne Reservekassenhaltung – bei einer ohnehin schon viel zu konsumfreundlichen Haltung mit überzogener Verschuldung von Privatpersonen – vermeintlich durch Banken und staatliche Stellen garantiert wird, steigt das Systemrisiko (d. h. das Überschuldungsrisiko der Gesamtgesellschaft).

Mit dem »Outsourcing« Ihrer Kassenhaltung verlieren Sie an Autonomie. Die Transparenz, also die Übersicht über Ihre Finanzen, geht verloren. Das kann leicht zu einer Schuldknechtschaft führen, aus der man nicht einmal zum sich alle fünfzig Jahre wiederholenden Jubeljahr befreit wird. Überhaupt führt auch schon die jetzige finanzielle Repression zu einer Umverteilung von Arm zu Reich.

Einzelpersonen und Familien sind die subsidiären Einheiten, die am ehesten den Überblick haben und Verantwortung für ihr Handeln übernehmen. Das ist eigentlich selbstverständlich. In der neuen Welt ohne Bargeld dann aber nicht mehr, zumindest wird es viel schwieriger, sich nicht manipulieren zu lassen.[76]

Es ist zunächst smart und hip, alles elektronisch abzuwickeln. Dann sind Sie aber Knecht des Finanz- und eines neuen Konsumterrorsystems. Der Ausdruck »Konsumterror« ist aktueller denn je. Es bleibt spannend abzuwarten, ob die Achtundsechziger, welche die bürgerliche Gesellschaft der 1960er- und 1970er-Jahre mit diesem Begriff belegten, heute entschieden gegen die Etablierung des bargeldlosen Konsumterrorsystems aufbegehren werden.

Bleiben Sie wachsam und finanziell immun. Die Bargeldabschaffung ist eine fehlgeleitete Konsumverweigerungssteuer. Wollen Sie sich das als Bürger bieten lassen?

Grundsätzlich ist bei allen Reformvorschlägen zu bedenken: Das Vertrauen in das Geld ist die elementare Grundlage des Wohlstand schaffenden arbeitsteiligen Wirtschaftens. Ist es zerstört, fallen moderne Gesellschaften wieder in den archaischen Zustand einer Tauschwirtschaft zurück. So könnte auch eine Bargeldabschaffung das Vertrauen in das Geld weiter verringern, wenn die bargeldlosen Transaktionen in erster Linie der finanziellen Abschöpfung und Lenkung dienen. Diesem planwirtschaftlichen Aspekt der neuen Geldordnung ist entsprechend Rechnung zu tragen.

Wenn durch die Hintertür des Sicherheits- und Kriminalitätsbekämpfungsarguments tatsächlich moderne Versionen von Bezugsscheinsystemen (entsprechende Chipdaten, die zum Beispiel Sozialhilfeempfängern nur bestimmte Käufe zu genau vorgegebenen Zeiten erlauben) geschaffen würden, wäre das Misstrauen zu Recht groß. Ein solches System des gelenkten und gläsernen Zahlers würde von vielen nur widerwillig akzeptiert.

Bargeldabschaffung: Die aktuelle Position der Deutschen Bundesbank

Der frühere Bundesbank-/EZB-Chefökonom Ottmar Issing hatte, wie bereits erwähnt, das Zitat von Fjodor Dostojewski »Geld ist geprägte Freiheit« aus Gründen der Klarheit auch auf das Bargeld bezogen.[77]

Damit hat sich ein früherer Vertreter der Deutschen Bundesbank unmissverständlich ausgedrückt. Auch Carl-Ludwig Thieles Rede mit dem Titel »Bargeld ist Schwerstarbeit«[78], die im Folgenden unter Auslassung des Anfangsteils zitiert wird, spricht für eine noch lange währende Beibehaltung von Bargeld hierzulande:

> »Wie steht es nun um die Zukunft des Bargelds? Seit langem wird dem Bargeld der baldige Tod attestiert; es sei altmodisch, ein Relikt aus vergangenen Zeiten. Diesen Kritikern möchte ich entgegnen, dass der Euro-Bargeldumlauf ungebrochen weiter wächst. Der Banknotenumlauf für das gesamte Eurosystem ist von 806 Milliarden Euro in 2009 um 150 Milliarden Euro auf 956 Milliarden Euro in 2013 gestiegen, also um 18,6 Prozent. Allein im letzten Jahr ist der Umlauf um 43,6 Milliarden Euro beziehungsweise 4,8 Prozent gewachsen. Von diesem Banknotenumlauf wurden von der Bundesbank gut 49 Prozent ausgegeben. Sie versorgt nicht nur den nationalen Zahlungsverkehr mit Geldscheinen und Münzen, sondern leistet einen erheblichen

> Beitrag für die täglichen Transaktionen am Point of Sale im gesamten Euroraum. Im Wesentlichen fließen diese Banknoten über den Tourismus und die Bargeldtransfers von hier tätigen Arbeitnehmern in andere Länder des Euroraums.
>
> Darüber hinaus spielt die Euro-Bargeldnachfrage aus Nicht-EWU-Ländern eine erhebliche Rolle. Der Flughafen Frankfurt mit einer Vielzahl von Direktverbindungen in diese Länder und die seit der D-Mark-Zeit bestehenden Geschäftsbeziehungen der Bundesbank mit internationalen Sortenhändlern führen dazu, dass der Euro insbesondere zur Wertaufbewahrung auch außerhalb des Währungsraums nachgefragt wird.
>
> Neben der Zahlungsmittelfunktion stiftet das Bargeld für die Bevölkerung auch einen Nutzen als Wertaufbewahrungsmittel. Letzteres ist für die Menschen gerade in finanziell unsicheren Zeiten von großer Bedeutung, wie wir während der Lehman-Krise im Jahr 2008 bemerkt haben, als die Nachfrage nach Banknoten sprunghaft anstieg. Und auch die Nutzung von Bargeld als Zahlungsinstrument ist trotz steigender Verwendung von unbaren Zahlungsinstrumenten bemerkenswert hoch. Bargeld ist nach wie vor das beliebteste Zahlungsmittel in Deutschland und wird es auf absehbare Zeit wohl auch bleiben.«

Unsere Anmerkung dazu: Der Anstieg der Bargeldnachfrage in Notzeiten zeigt die Notwendigkeit, das beliebte Bargeld nicht durch fragwürdige Akte einfach nach und nach abzuschaffen oder die Nutzung auch als Wertaufbewahrungsmittel immer stärker einzuschränken. Gerade in Krisenzeiten gewinnt Bargeld an Bedeutung. Die seit 2007 bestehende Finanzkrise ist nicht überwunden. Eine Bargeldabschaffung in einer Phase finanzieller Repression würde das Vertrauen in das Geldsystem, das auch mit der Möglichkeit einer Wertaufbewahrung verbunden ist, die mit Zins entgolten wird, weiter sinken lassen, vielleicht sogar gänzlich zerstören. Geld, das von den Bürgern als Wertspeicher nicht akzeptiert wird, wäre dann ein Geldsystem auf Abruf.

Im Folgenden zitieren wir weiter aus der Rede von Carl-Ludwig Thiele:

> »Das Eurosystem gibt nicht zuletzt mit der derzeitigen Einführung der neuen Euro-Banknotenserie ein klares Bekenntnis zur Zukunft des Bargelds ab. Die neuen Geldscheine ähneln optisch der ersten Serie, die 2002 in Umlauf gegeben wurde. Sie wurden jedoch gestalterisch überarbeitet und weisen einige neue und verbesserte Sicherheitsmerkmale auf. Sie sollen somit noch fälschungssicherer werden, damit Bargeld seine Funktionen auch in Zukunft reibungslos und sicher wahrnehmen kann.
>
> Seit einem Jahr ist die 5-Euro-Banknote als erste Stückelung der neuen Serie im Umlauf. Die Umstellung verlief in Deutschland weitgehend reibungslos. Einige Probleme gab es allerdings bei der Akzeptanz der neuen Scheine an Parkhaus-, Nahverkehrs- und Verkaufsautomaten. Die Automatenwirtschaft führte dies auf eine zu kurze Umstellungsfrist

zurück. Das Eurosystem hat bezüglich der 10-Euro-Banknote, die im September 2014 erscheinen wird, reagiert und den Zeitraum zwischen der Vorstellung der Note und der Einführung deutlich verlängert. Ebenso wurden die Test- und Ausleihmodalitäten erleichtert und die Informationspolitik intensiviert. Ich bin daher zuversichtlich, dass die 10-Euro-Banknote im September erfolgreich an den Start gehen kann.

So mancher findet die neuen Geldscheine allerdings so attraktiv, dass er nicht bis September warten kann. Wie Sie der Presse entnehmen konnten, wurden kürzlich in Hamburg einige hundert 10-Euro-Banknoten der neuen Serie gestohlen, die sich eine Firma zu Testzwecken ausgeliehen hatte. Ein derartiger Diebstahl sollte natürlich unbedingt vermieden werden. Die Tat könnte allerdings in Zukunft als Vorlage für eine herausfordernde Aufgabe in einer Strafrechtsklausur genutzt werden. Ist es Diebstahl oder Hehlerei? Was bedeutet es, wenn die Täter bis zur offiziellen Einführung der Banknoten warten, um dann erst die Beute in Umlauf zu bringen? Sie sehen, ein derartiger Einzelfall wirft juristische Fragen auf.

Insgesamt kann man jedoch konstatieren, dass Bargeld in der Vergangenheit, in der Gegenwart und in der Zukunft ein begehrtes Zahlungsmittel war, ist und bleiben wird – und das ganz überwiegend für die rechtschaffenen Bürgerinnen und Bürger.

Wie steht es nun vor diesem Hintergrund um die Zukunft des Kerngeschäftsfelds Bargeld in der Bundesbank? Die

Bundesbank wird auch in Zukunft den Sorgeauftrag für den baren Zahlungsverkehr, der aus Paragraf 3 des Bundesbankgesetzes resultiert, durch eine angemessene Einbindung in den deutschen Bargeldkreislauf wahrnehmen. Angemessen bedeutet in diesem Zusammenhang, dass ein jährliches Banknotenbearbeitungsvolumen von 15 Milliarden Stück Banknoten angestrebt wird. Dies entspricht ungefähr der jährlichen Bearbeitungsleistung der vergangenen Jahre. Wie Sie sehen, ist dies ein starkes Signal nach innen und außen, dass die Bedeutung dieses Kerngeschäftsfeldes betont.

Dieses ausdrückliche Bekenntnis zur Zukunft des Bargelds in der Bundesbank drückt sich auch im Bau der neuen Filiale in Dortmund aus. Damit wird sozusagen ein neuer, moderner, hochleistungsfähiger ›Maschinenraum‹ geschaffen, in dem das Bargeld noch effizienter bearbeitet werden kann. Dieser wird auf einem 80.000 Quadratmeter großen Areal gebaut und ein geplantes Investitionsvolumen von voraussichtlich deutlich mehr als 200 Millionen Euro aufweisen.

Bei der Konzeption der Bearbeitungsprozesse in der neuen Filiale fließen die Möglichkeiten des technischen Fortschritts hinsichtlich der Automatisierung ein. Wir wollen vor allem die technischen Möglichkeiten nutzen, die sich aus der Größe der neuen Filiale ergeben. So wird die Bank erstmals Hochregallager und fahrerlose Transportsysteme einsetzen. Die Größe des Areals ermöglicht es erstmals, ein Gebäude um die Bargeldprozesse herum zu bauen; das alte Architekturprinzip ›form follows function‹ kann somit zum Tragen kommen. Bisher mussten wir die Prozesse an eine vorhandene Gebäudestruktur anpassen. Nun können wir optimale Bearbeitungsprozesse entwerfen und verwirklichen. Deswegen kommt dem Geldbearbeitungs- und Logistikkonzept eine besondere Bedeutung zu.

Die neue Filiale ist somit baulich und logistisch eine Filiale ganz neuer Art. Das Ziel besteht nicht nur darin, die Kosteneffizienz zu steigern; durch den Einsatz modernster Technik soll auch die physische Belastung unserer Mitarbeiter gesenkt werden. Nebenbei bemerkt: Im Leistungsangebot für die Bargeldgeschäftspartner wird sich die neue Filiale nicht von den bisherigen Filialen unterscheiden. Was die Öffnungszeiten, die Ein- und Auszahlungsgebinde oder die Belastungs- und Gutschriftskonditionen betrifft, werden auch in Zukunft überall gleiche Rahmenbedingungen gelten.

Nach Inbetriebnahme der neuen Filiale in Dortmund, in der fünf Filialen des Ruhrgebietes aufgehen werden, werden hinsichtlich der derzeit noch andauernden Straffung des Filialnetzes ruhigere Zeiten zu erwarten sein – sofern sich die Welt nicht völlig verändert. Die Bundesbank wird ihr Filialnetz dann auf 31 Standorte reduziert haben. Der Vorstand der Bundesbank hat auf meinen Vorschlag 2011 einstimmig entschieden, dass es für den Sorgeauftrag der Bundesbank nach Paragraf 3 Bundesbankgesetz erforderlich ist, ein Filialnetz von 31 Filialen einschließlich der neuen Filiale aufrechtzuerhalten. Mit der Beschlussfassung zur Errichtung der neuen Filiale ist also keine Abkehr von dem Grundsatz der Unterhaltung dieses flächendeckenden Filialnetzes verbunden. Mit der Eröffnung der neuen Filiale wird die Konsolidierung des Filialnetzes abgeschlossen sein.

Die ungebrochen hohe Beliebtheit und Nutzung der Banknoten und Münzen verlangt auf der anderen Seite auch, dass wir wachsende Anstrengungen unternehmen, die Verwendung von Bargeld wissenschaftlich zu analysieren. Die Forschungsergebnisse sollen uns dabei helfen, auch in Zukunft die Anforderungen der Marktteilnehmer an den Barzahlungsverkehr zu erfüllen beziehungsweise diese aktiv mitzugestalten. Daher bauen wir auch unsere Think-Tank-Anstrengungen aus. Derzeit läuft die dritte Erhebung zum Zahlungsverhalten in Deutschland, deren Ergebnisse nächstes Jahr publiziert werden sollen. Außerdem veranstalten wir in diesem Jahr die zweite wissenschaftliche Bargeldkonferenz. Der Austausch von Forschern aus vielen Ländern soll dazu beitragen, die Zukunft des Bargelds zu gestalten.«

Auch eine Veranstaltung mit Helmut Rittgen, Zentralbereichsleiter Bargeld, im September 2014 bestätigte die bargeldfreundliche Sicht der Deutschen Bundesbank. Thematisiert wurde auch der »War on Cash« (Krieg dem Bargeld).

Trotz der zunehmenden Verbreitung von sehr einfach handhabbaren elektronischen Zahlungsmitteln bleibt Bargeld wichtig. *Geld ist Vertrauen!*, so lautet auch hier das Credo.

Dr. Jens Weidmann, Präsident der Deutschen Bundesbank, bestätigte in der Diskussion im Anschluss an seinen Vortrag am 25. März 2015 in München ebenfalls, dass die Bundesbank auch künftig das Geld bereitstellen werde, das die Bürger haben möchten. Saubere Bargeldscheine gehörten selbstverständlich dazu, wenn sie von den Bürgern gewünscht würden.

Im Jahr 2008 nahm die Bargeldhortung in Deutschland dramatisch zu und löste wohl das Versprechen von Merkel und Steinbrück aus, dass die Einlagen sicher sind.[79] 118 Euro befanden sich 2008 durchschnittlich im Portemonnaie, heute sind es 107 Euro. Damit ist das Niveau immer noch hoch. Bargeld ist vor allem für die Hortung von Geld wichtig. Die Bundesbank führte dazu in ihrem Monatsbericht vom Juni 2009 S. 58 aus:

> »Bargeld kann jedoch aufgrund seines anonymen Charakters auch aus Motiven gehalten werden, die nicht legaler Natur sind. Bargeld, welches aus nicht lauteren Motiven gehalten beziehungsweise eingesetzt wird, dient aber nicht nur der Hortung, sondern ist auch Teil der Transaktionskasse, beispielsweise im Bereich der Schwarzarbeit oder des Drogenhandels.
>
> Eine Ermittlung der gehorteten Banknotenbestände in Deutschland auf Basis einer direkten Befragung der Bevölkerung führt aufgrund der Sensibilität der Thematik und der explizit erwünschten Anonymität – die keineswegs einen illegalen Hintergrund haben muss – nicht zu belastbaren Ergebnissen. Letztlich lässt sich als grobe Schätzung

nur der Residualwert heranziehen, der sich vom deutschen Banknotenumlauf nach Abzug der Transaktionskasse und Auslandsnachfrage ergibt.

Geht man von einer Transaktionskassenhaltung von 10 Prozent des Banknotenumlaufs aus und legt man des Weiteren eine Auslandsnachfrage von 25 Prozent bis 35 Prozent zugrunde, so bleibt für die Hortung der Löwenanteil von 55 Prozent bis 65 Prozent übrig. Dieser Wert ist, da er als Residualgröße ermittelt wird und die Transaktions- und Auslandsanteile auch nur geschätzt werden können, mit vielen Unsicherheiten behaftet.«

Demnach wäre die Vereinfachung Bargeld = Kriminalität unseriös.

Fraglich ist nur, ob die Deutsche Bundesbank auch künftig in der Lage ist, den Fortbestand des Bargelds zu garantieren. Es ist völlig offen, wie sie sich verhält, wenn im Namen des demokratischen Souveräns, repräsentiert durch eine Parlamentsmehrheit, dann doch etwas anderes festlegt wird. So könnte das Bargeld im Einklang mit den anderen Euro-Staaten oder gleich den OECD-Ländern im Rahmen einer konzertierten Aktion abgeschafft werden. Dies wäre auch zweckmäßig, um die Alternative der Haltung ausländischen Bargelds weitestmöglich auszuschließen.

Wie sagte Robert Halver so schön in Anlehnung an den berühmten Spruch des Staatsratsvorsitzenden der DDR Walter Ulbricht (»Niemand hat die Absicht, eine Mauer zu bauen«): »Niemand hat die Absicht, das Bargeldsystem abzuschaffen«, und ergänzte: »Was nicht passt, wird passend gemacht.«[80]

Das folgende Zitat stammt aus derselben Quelle:

> »Unser Papiergeldsystem ist also das entscheidende Hindernis, die Zinsen der Notenbanken auch unter die Nullmarke zu senken. Also brauchen wir den nächsten Strukturbruch der Geldpolitik: Das Bargeld muss abgeschafft werden. Dann lassen sich Negativzinsen auch ohne die Gefahr eines Bank Run durchsetzen.
>
> Liebe Anlegerinnen und Anleger, denken Sie doch bitte auch an die vielen Zusatznutzen. Steuerflucht, Drogenkriminalität und generell Schwarzarbeit wären mausetot. Man würde also viele Fliegen mit einer Klappe schlagen. Na, wenn das kein Mega-Alibi für Bargeldlosigkeit ist.
>
> Sie halten das für utopisch? Hätten Sie vor 2008 gedacht, dass unser Finanzsystem schulden-, geld- oder stabilitätspolitisch jemals dort stehen würde, wo es heute steht? In der (Geld-) Politik ist es doch immer dasselbe: Zunächst sind die Dinge utopisch, unglaublich, unmöglich und am Ende alternativlos, logisch, selbstverständlich.«

Angesichts der Isolierung der Bundesbank innerhalb des Europäischen Zentralbankensystems ist es keineswegs undenkbar, dass die Bundesbank zur Bargeldabschaffung gezwungen wird oder einfach politisch Tatsachen geschaffen werden. Man wird versuchen, über die Bedenken der Bundesbankspezialisten hinwegzuregieren. Es wäre nicht das erste Mal.

Der Bargeld-abschaffungsvorschlag von Kenneth Rogoff

Kommen wir nun zur Gegenposition, nämlich dass Bargeld entbehrlich ist. Ist es überhaupt noch zeitgemäß, Bargeld zu besitzen? Selbst wenn wir noch der Meinung sind, dass Bargeld notwendig und wichtig ist, wichtige Fürsprecher halten dagegen: Die Pläne zur Bargeldabschaffung von Banken und Staat sind durchaus radikal.

Der frühere US-Finanzminister Larry Summers erklärte, der Staat könne das Bargeld ganz abschaffen. Denn wie anders sollten die Staaten reagieren, so Summers, wenn die Zinsen bald auch nominal, also auf dem Papier, negativ werden – und die Leute stattdessen lieber Geld horten, als es zur Bank zu bringen?[81]

Kenneth Rogoff ist ohnehin der Meinung, dass sich die Bargeldabschaffung nicht vermeiden lässt. Er sagt jedenfalls überaus klar: Das Plastikgeld kommt (so oder so)! Warum also noch diskutieren? Es geht anscheinend nicht mehr darum, Vor- oder Nachteile abzuwägen. Die Bargeldabschaffung reiht sich damit ein in die vermeintlichen »Alternativlosigkeiten«, die uns Banken und Politik im Zuge von Notfallmaßnahmen glaubhaft vermitteln wollen. Von Kanzlerin Merkel ist man das hierzulande ohnehin gewohnt.

Während der Munich Lectures in Economics vom 18. bis 20. November 2014 äußerte Professor Kenneth Rogoff von der

Universität Harvard diese Überzeugung. Er sprach sich für die Abschaffung von Papiergeld aus, da die Zentralbanken so leichter Negativzinsen durchsetzen könnten, um die Wirtschaft wieder anzukurbeln. Steuerflucht und Drogenkriminalität könnten besser bekämpft werden. Untermauert wurde diese Aussage durch ein Bild mit Papiergeldbündeln, auf denen Waffen lagen. Sehr suggestiv und deswegen wirksam.

Die Papiergeldbeseitigung wäre eine einfache und elegante Lösung des Problems. So hätte nach Rogoff die US-Notenbank erwogen, temporär Negativzinsen von 4 oder 5 Prozent einzuführen. Damit wollte die Zentralbank verhindern, dass das zusätzliche Geld gehortet wird, anstatt es in Umlauf zu bringen.

Mit negativen Einlagezinsen der EZB könnten dementsprechend heute Banken dazu veranlasst werden, ihr Geld in Form von Krediten verstärkt an Unternehmen und Privatleute weiterzugeben. Mit diesen Krediten könnten Unternehmen investieren und so die Wirtschaft wieder in Schwung bringen. Bei Zinsen unter 0 Prozent können Banken/Verbraucher, die ihr Geld nicht investieren wollen, ausweichen. Statt Kontoguthaben horten sie Bargeld.

Außerdem ließen sich Steuervermeidung und illegale Aktivitäten bekämpfen. In Skandinavien und in Amerika sind bargeldlose Zahlungsarten wie Kreditkarten sehr viel verbreiteter als in Deutschland.

Im Rahmen seines Vortrages nannte Rogoff eine Reihe von Vorschlägen zur Währungsbesteuerung und zur erfolgreichen Durchsetzung von Negativzinsen, falls gewünscht. So regte Marvin Goodfriend einen Magnetstreifen an, der immer dann eine Rechnung zu den Negativzinsen erstellt, wenn das Banksystem genutzt wird (2000). Willem H. Buiter und Nikolaos Panigirtzoglou diskutierten ab 1999 die Stempelsteuer nach der Idee von Silvio Gesell (1916) neben anderen Ratschlägen.

Greg Mankiw schlug 2009 eine Lotterie vor, basierend auf Seriennummern. Die Verlierernummern werden wertlos. Damit griff er eine frühere Idee des Schotten John Law auf, der das Zahlenlotteriespiel mit Staatsanleihen betrieb. Miles Kimball diskutiert diese und andere Ideen,[82] um Bargeld weniger attraktiv zu machen. Dies schließt eine elektronische Währung als legales Angebot mit ein.

Bereits in den 1990er-Jahren arbeiteten Ökonomen der US-Zentralbank extensiv an der Nullzinsgrenze, einschließlich der nach Ansicht von Professor Rogoff bahnbrechenden Ausarbeitungen von David E. Lebow (1993), Jeffrey C. Furher und Brian Madigan (1994) sowie Alexander L. Wolman (1997). Diese frühen Arbeiten nahmen die Hauptideen in der folgenden Literatur vorweg.

Paul Krugman (1998) analysierte Japans Finanzstruktur und führte Gründe dafür an, ein Inflationsziel von 4 Prozent für die nächsten fünfzehn Jahre zu verkünden. Kenneth Rogoff selbst plädierte 1998 für die Schaffung einer temporären höheren Inflation und die Verwendung von Fiskalstimuli, um dieses Ziel zu erreichen.

David L. Reifschneider und John C. Williams (2000) lieferten eine erste komplette empirische Simulation, um die Schwere des Problems darzustellen. Klaus Adam und Roberto M. Billi (2007) fanden heraus, dass viel höhere Kosten anfallen, wenn geldpolitische Entscheidungsträger sich nicht zu einer höheren Inflation bereit erklären, sofern dies erforderlich ist. Nach Williams (2009) verhinderte die Nullzinsgrenze die Möglichkeit einer bei mindestens vier Prozentpunkten liegenden Zinssenkung ab 2009; kontrafaktisch schlagen Kosten in Höhe von 1,8 Billionen Dollar durch entgangene Zinsgewinne für vier Jahre bis 2012 zu Buche. Oliver Coibion, Yuriy Gorodnichenko und Johannes Wieland (2012) stellen den Versuch, über eine höhere Inflation die negativen Folgen (durch das Überschreiten der Nullzinsgrenze) abzuwenden, in Frage. Während die frühen Modelle in der Phase der »great moderation« (große Mäßigung; Ben Bernanke) geschätzt wurden, ist derzeit nicht klar, wie es weiter geht. Rezessionen, die mit einer Finanzkrise verbunden sind, fallen jedenfalls viel stärker aus und dauern länger.[83]

Der dramatische Fall der Realzinsen lässt das Polster für geldpolitische Entscheidungsträger, die Zinsen zu senken, geringer werden. Es gibt eine beträchtliche Debatte darüber, warum die Zinsen so niedrig sind. Die Idee, dass dafür nur der Nachfragemangel verantwortlich sei, ist oberflächlich und nicht ausreichend. Als Gründe für die zu niedrigen Zinsen werden genannt:

- sinkendes Bevölkerungswachstum
- zusätzliches Sparen in schnell wachsenden Schwellenländern
- alternde Bevölkerung in Deutschland, Japan etc.
- sich verändernde Korrelation zwischen Anleihen und Aktien
- Liquidität
- Angst vor einer neuen Krise (im Einklang mit Abkopplung von Aktien- und Anleihenmärkten)

- Finanzrepression (Regierungsrestriktionen zu Lasten der Kapitalmärkte, um die Zinsen niedrig zu halten und dadurch die Staatsschulden noch finanzieren zu können)

Hier ließe sich kritisch anmerken, dass der Versuch, Niedrigzinsen realwirtschaftlich zu erklären, verschleiernd ist. Denn der zentrale Grund für die niedrigen Zinsen ist, dass das Geldangebot stärker gestiegen ist als die die Geldnachfrage bestimmende Realwirtschaft. In der folgenden Grafik[84] zeigt sich dies insbesondere durch die maßlose Geldmengenexpansion vor dem Ausbruch der Finanzkrise 2007:

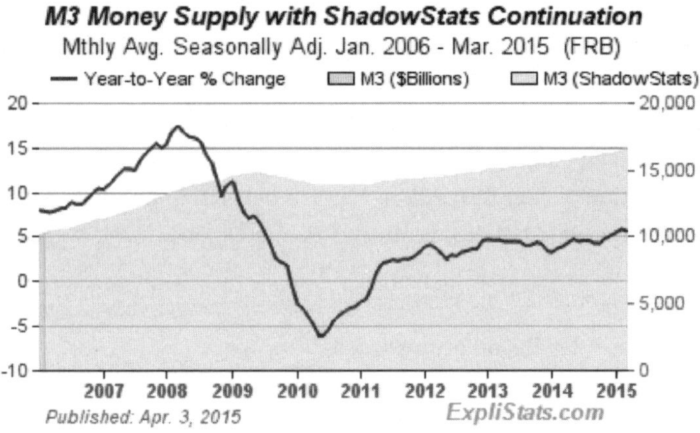

Quelle: shadowstats.com

Die aktuell niedrigen Zinsen, sogar die Negativzinsen lassen sich nach Professor Rogoff theoretisch anhand des Modells der seltenen Katastrophe[85] gut erklären. Wenn die Bürger zunehmend das Vertrauen verlieren und das Enteignungsrisiko berücksichtigen, schlägt sich das auch im Zins nieder. Es ist durchaus plausibel, dass nach der Finanzkrise seit dem Jahr 2007 Katastrophenszenarien an Bedeutung gewinnen.

Das Modell der seltenen Katastrophe bietet aber keine alleinige Erklärung, warum die Zinsen niedrig sind. Mehrere andere Faktoren kommen nach Rogoff hinzu:

- Demografie
- schwaches Langfristwachstum (aber die Aktienmärkte steigen)
- Finanzrepression
- steigende Bedeutung der Schwellenländer mit der Notwendigkeit, das Inlandsrisiko abzusichern

Mehrere Lösungen wurden vorgeschlagen, um die Phase zu niedriger Zinsen mit der Ankündigung höherer Inflationsziele zu überwinden (Paul Krugman [1998], Olivier Blanchard [2010], Paul Krugman [2014]). Rogoff selbst schlägt (2003) moderat höhere Inflationsziele für die EZB vor, um die relativen Lohn- und Preisanpassungen zwischen den ungleich wettbewerbsfähigen Volkswirtschaften zu erleichtern. Eine aktivere Fiskalpolitik forderten Christiano und Eichenbaum (2010), Rogoff (1998) sowie Schmidt (»Fiskalischer Aktivismus und die Nullbindung«, EZB, 2014).

Kontrovers diskutiert wurde, ob eine zeitweise höhere Inflation nicht glaubwürdig zu erzielen ist (Rogoff [1998, 2008], Reifscheider und Williams [2000]). Wurde das nie versucht?

Preisniveauziele forderten Eggertson und Woodford (2003). Neuere Untersuchungen von Swanson und Williams (2014) zeigen, dass die Effekte durch die Nullbindung bis nach 2011 nicht signifikant waren. Auch abgesehen von der Nullbindung gibt es nach Rogoff ein starkes Argument für eine deutliche Beschränkung des Bargelds. Dies betrifft insbesondere Banknoten, welche die Bargeldversorgung in fast jedem Land dominieren.

Anteil der Befragten, die immer (oder oft) Bargeld für verschiedene Käufe (nach Ländern) benötigen:

Durchschnittliche Käufe	BE	DE	ES	FR	IT	LU	NL	AT	Durchschnitt
Weniger als 20 Euro (z. B. Zeitungen, Brot)	84	91	90	80	91	77	65	82	87
Zwischen 30 Euro und 100 Euro (z. B. Sprit, Lebensmittel)	48	69	64	15	77	27	20	60	55
Zwischen 200 Euro und 1000 Euro (z. B. Kleidung, Möbel)	18	21	30	3	31	10	8	29	20
10.000 Euro und mehr (z. B. ein neues Auto)	5	4	6	0	4	3	4	10	4

Quelle: EZB Haushaltsbefragung

BE (Belgien), DE (Deutschland), ES (Spanien), FR (Frankreich), IT (Italien), LU (Luxemburg), NL (Niederlande) AT (Österreich)

Nach einer Umfrage im Jahr 2008 berichteten weniger als 3 Prozent der Befragten über eine Bargeldhaltung zwischen 1.000 und 5.000 Euro, und 0,5 Prozent gaben an, dass sie mehr als 10.000 Euro halten. Nur ein Viertel der Befragten gab an, einen 500- oder 200-Euro-Schein mehr als einmal im Jahr besessen zu haben. Und es war dabei nicht klar, ob die Transaktionen der Steuervermeidung dienten. Eine jüngste Zentralbankenstudie (2014) anhand von Tagebucheinträgen zeigt folgende durchschnittliche Bargeldmenge (Mittelwert/Median) in der Brieftasche für sieben Länder:[86]

- Australien (59/32)
- Österreich (148/114)
- Kanada (64/38)
- Frankreich (70/30)
- Dänemark (123/94)
- Niederlande (51/28)
- USA (74/37)

Trotz der nach wie vor intensiven Bargeldnutzung ist der Cashbestand in der Brieftasche kein Liquiditätspuffer. Diese Bargeldemission schafft Seigniorage. Das sind reale Erträge, welche die Notenbank aufgrund ihres Notenbankmonopols erzielt. Dieser Gewinn durch das Monopol, Papier und Münzgeld herauszugeben – in der traditionellen Begrifflichkeit der Münzgewinn durch das Prägerecht von Münzen, auch als Münzregal bezeichnet –, belief sich auf rund 30 Milliarden Dollar pro Jahr in den fünf Jahren vor der Finanzkrise (2007) in den USA. In Europa ist die Seigniorage ähnlich hoch. Seit dem Ausbruch der Finanzkrise hat sie sich in etwa verdoppelt, zum Teil bedingt durch die niedrigen Zinsen.

Wie würde sich hier eine Bargeldabschaffung auswirken? Nach Kenneth Rogoff würde der Gewinn durch höhere Steuereinnahmen und geringere Kriminalität einen wesentlichen Ausgleich für die verringerte Seigniorage nach Abschaffung großer Banknoten schaffen. Das ist seines Erachtens sogar der Fall bei marginalen Effekten durch Kriminalität und Steuerflucht. Sein Plan für eine vollelektronische Währung in den USA sieht folgende Schritte vor:

- Abwicklung der (Bargeld-)Währung
- innerhalb der nächsten fünf Jahre: große Scheine von 50 Dollar aufwärts müssen ausgetauscht werden
- innerhalb der nächsten zehn Jahre: 20- und 10-Dollar-Scheine werden ausgetauscht
- unbestimmt: 1, 2 und 5 Dollar bleiben
- unbestimmt: Metallmünzen mit niedrigem Wert
- innerhalb der nächsten drei Jahre: Die Zentralbanken bieten universelle Debitkarten

Es werden dabei Zinsen gezahlt und Gebühren für die Dienstleistungen belastet. Karten von Haushalten mit niedrigem Einkommen werden bei der Gebührenerhebung stark subventioniert. Im Falle von Negativzinsen werden die ersten 500 Dollar zum Nullzins angesetzt. Gleichzeitig werden Debitkonten rechtlich vor einer Regierungsbeschlagnahme bis zu 1.000 Dollar geschützt. Hinsichtlich des Informationsaustausches gelten die gleichen Bestimmungen wie bei privaten Bankkarten.

Die Banken bieten nach Rogoff dann weiterhin die gleiche Palette von Karten und Telefon-Apps an wie zuvor, einschließlich der Debit- und Kreditkarten. Unter der Annahme einer anhaltenden staatlichen Einlagensicherung werden Bankkarten in der Regel gegenüber »Regierungskarten« dominieren.

Die Bankenregulierung wird dabei das Ausmaß der Subventionen festsetzen. Die Makropolitik und die Regulierung können nach der Bargeldabschaffung meist beibehalten werden (Woolford formulierte 2003 Grenzen einer bargeldlosen Wirtschaft). Um de facto einer Verschärfung der Regelung

Rechnung zu tragen, könnten die Steuern für Kleinunternehmen entsprechend angepasst werden.

Auf jeden Fall wird es weiterhin Fragen zur Anonymität der Transaktionen geben. Dabei wird im Fokus der Diskussion stehen, ob die Zirkulation von kleinen Scheinen und von Metallmünzen weiter zulässig ist. Weiterhin wird es darum gehen, konkurrierende Transaktionsmedien zu regulieren. So werden dem staatlichen Plastikgeld verschlüsselte Kryptowährungen und damit nichtstaatliche digitale Zahlungsmedien wie Bitcoin gegenüberstehen.

Die Zuverlässigkeit eines reinen staatlichen Plastikgeldes könnte bei Notlagen, wie zum Beispiel einem Hurrikan, einem harten Belastungstest unterzogen werden. Voraussetzung für das Funktionieren des Plastikgeldes ist eine entsprechende Infrastruktur. Solche Ablauffragen sind zu regeln.

Wie geht man nach einer Bargeldabschaffung mit ausländischen Währungen um? Über die einheimische (elektronische) Währung hinaus – sie wird als gesetzliches Zahlungsmittel in allen Geschäften verwendet – können seines Erachtens Fremdpapierwährungen gehalten werden. Sie unterliegen dann weiterhin denselben grenzüberschreitenden Berichtspflichten wie derzeit.

Länder wie Japan oder Kanada, aber auch Großbritannien und Schweden (wo die Bargeldhaltung viel geringer ist) sind mögliche Kandidaten für eine vorzeitige Bargeldabschaffung. Die Eurozone und die USA dürften den Wunsch haben, die Bargeldabschaffung zu koordinieren. Dies ist nach Rogoff aber nicht zwingend erforderlich.

Fraglich bleibt noch, ob es genügt, die großen Banknoten nur auslaufen zu lassen. Dies ist möglich, vielleicht in Verbindung mit einer Gebühr durch die Zentralbank. Das allmähliche Auslaufen großer Banknoten kann Probleme schaffen, sie sollten bei der Entstehung bekämpft werden können. Die Technik für die umfassende Einführung von Plastikgeld ist vorhanden.

Rogoff führte bei seinem Vortrag in München noch einmal die offiziellen Gründe für die Bargeldabschaffung auf:

- Sparer können sich Negativzinsen nicht entziehen
- organisierte Kriminalität wird nachhaltig erschwert
- Terrorismus kann besser bekämpft werden
- Steuerhinterziehung wird erschwert

Damit hat Rogoff auch in Deutschland eine interessante Debatte angeschoben. Die technische Machbarkeit der Bargeldabschaffung ist weitgehend unumstritten, das ist eine entscheidende Voraussetzung. Und es gilt bekanntlich der Grundsatz: Was technisch machbar ist, wird umgesetzt – auch gegen berechtigte Bedenken von Bürgern. Die geschätzte Deutsche Mark wurde durch die Weichwährung Euro ersetzt, obwohl damals eine klare Mehrheit dagegen war. Die Bürger wurden nicht gefragt.

Die Freiheit der Bürger steht gegen die Interessenlagen der Banken und Regierungen. Die Kontrolle aller wirtschaftlichen Vorgänge mag nur am Rande ein Ziel sein, wird aber für das gesellschaftliche Leben eine entscheidende Rolle spielen. Der Bürger wird gläsern. Fast jede wirtschaftliche Aktivität zwischen Menschen wird transparent. Ausweichmaßnahmen der

Bürger, um anonym zu bleiben, werden vermutlich unter dem Deckmantel der Besteuerung und Kriminalitätsbekämpfung mit repressiven Maßnahmen bekämpft. Aus dem Bankgeheimnis wird ein totales Offenlegungsgebot. Die Privatsphäre wird noch weiter eingeengt.

Mögliche Risiken und Nebeneffekte der Bargeldabschaffung

Ist der Freiheitsentzug der Bürger durch die Bargeldabschaffung notwendig, um hochverschuldete Banken und Staaten finanziell zu entlasten? Ist eine solche (im Vergleich zu einem Schuldenschnitt) langsame und geräuschlose Enteignung alternativlos?

Dies ist hochgradig umstritten. Als Alternative der schleichenden Enteignung wäre auch eine sanierende Währungsreform möglich. Der Vorteil wäre, dass nach der massiven Enteignung (die einer sehr hohen Besteuerung bestehender Vermögen gleichkommt) die Chance für einen Neuanfang bestünde. Statt dass eine Generation schleichend Einbußen hinnehmen muss, ging dann alles ganz schnell. Psychologisch hätte das Vorteile, wenn der erste große Schock überwunden ist. Neuer Optimismus kann sich ausbreiten.

Eine glaubwürdige stabilitätsorientierte Ordnungspolitik wäre hilfreich. Ein Neuanfang mit einer scharfen sanierenden Währungsreform wäre dann die bessere Lösung. Der Staat sollte danach zu der klassischen Tugend der Sparsamkeit zurückfinden und einen ausgeglichenen Haushalt verwirklichen. Ein derartiger Schritt erfordert Mut – stattdessen kaufen sich die Entscheidungsträger Zeit und nehmen den Bürgern die letzten Freiheitsspielräume, um ihr verzerrendes System zu retten.

Die Bargeldabschaffung schafft neue Risiken. So griff Robert Halver folgende achtzig Jahre alte Warnung von Keynes auf: »Wer das Bargeld abschafft, riskiert ein starkes Geldmengenwachstum und damit die Gefahr von steigenden Preisen. ... Banken könnten theoretisch unendlich viel Geld erschaffen, wenn es kein Bargeld mehr gäbe.«[87] Dies ist aus unserer Sicht nicht zwingend so. Allerdings lässt sich elektronisches Geld viel leichter schaffen als zu druckendes Bargeld.

Mit der Giralgeldschöpfung verdienen Banken Geld. Für das Leihen von Geld erhalten sie Zinsen. Steigt das Bargeld an, weil zum Beispiel die Zinsen durch die Notenbankpolitik sinken, wird der Spielraum für das Kreditvolumen reduziert. Bargeld können Kreditinstitute nicht ausleihen. Erst bei vollständig bargeldloser Zahlung könnte der Kreditspielraum wieder zunehmen. Damit würde – zumindest theoretisch – die Geldmenge steigen, wodurch es zur Geldentwertung käme.

Robert Halver wies in einem Interview mit Jürgen Röder darauf hin, dass die Bargeldabschaffung wie ein Konjunkturprogramm wirken kann:

> »Flächendeckende Negativzinsen sind nur dann möglich, wenn das Bargeld abgeschafft wird. Ansonsten würden die Bürger möglichst viel Bargeld halten. Ist dies Utopie oder Wirklichkeit? Wenn man sich die Entwicklung seit 2008 anschaut, stellt man fest, dass auch heilige Finanzkühe geschlachtet wurden. Überlegen Sie, was das für ein Konjunkturprogramm wäre, wenn von den etwa 6.300 Milliarden Euro Spareinlagen in Europa weite Teile in die Konjunk-

> tur flössen. Es ist nichts, was kurzfristig bevorsteht, aber im Hinterkopf sollten wir das Thema behalten. Verkauft würde es uns mit dem Hinweis, dass Steuerhinterziehung, Schwarzarbeit und Drogenhandel beseitigt würden.«[88]

Zunächst könnte die Bargeldabschaffung sich damit sogar konjunkturell stimulierend auswirken, und die Risiken könnten verschleiert werden. Es erinnert an eine moderne Form von »Brot und Spiele«. Diese Scheinblüte in einem neuen EU-Imperium wäre vielleicht eine Neuauflage spätrömischer Dekadenz. Nachteilig ist, dass das Finanzsystem dadurch nicht stabiler wird, im Gegenteil: Die Systemrisiken steigen durch die so erzwungene geringere Sparneigung der Bevölkerung. Mit der Bargeldabschaffung und der gleichzeitigen Einschränkung alternativer persönlicher Wertspeicher (zum Beispiel Gold- und Silbermünzen) wird eine Ausweitung der Konsumaktivität – und damit verbunden die Ausweitung der Schuldenaufnahme bei den Privathaushalten – gleichzeitig gefördert. Was für ein Konjunkturprogramm, auch für Finanzinstitutionen und andere davon profitierende Dienstleister!

Kritisch ist darauf hinzuweisen, dass Zentralbanken inzwischen selbst Bewertungsblasen produzieren und erhalten, zum Beispiel bei Staatsanleihen. Dies wird auch noch durch die Regulierungen gestützt, die nach wie vor keine Eigenkapitalhinterlegung für Staatsanleihen erfordern. Das Kartenhaus aus falschen Bewertungen durch den administrierten Niedrig- und sogar Negativzins soll aus Sicht der symbiotisch verbundenen Banken und Staaten nicht zusammenbrechen. Es fehlt jedes Maß. Es fehlen Grenzen der Verschuldung, an die sich Staaten halten. So wird keine nachhaltige Lösung erreicht. Die Kreditvergabe und Schulden sollten abgebremst werden, statt über die Bargeldabschaffung neue Spielräume für Geldschöpfung und Manipulation zu schaffen. Negative Zinsen werden so möglicherweise zu einem dauerhaften Phänomen.

Besteuerungsmöglichkeit anhand der Transaktionen: Konsumverweigerungssteuer!

Ein geschäftlich inaktiver Bürger, der kaum konsumiert und viel spart, ist für Staaten und Banken kein Leitbild. Im Gegenteil: Mit einem langweiligen Angsthasen verdient die Bank wegen sinkender Zinsmargen immer weniger. Und der Staat nimmt immer weniger Abgeltungssteuern ein wegen des niedrigeren Zinsniveaus. Vor diesem Hintergrund haben beide, Banken wie Staat, ein Interesse an der Ausweitung des Konsums: Die Banken können nach Abschaffung des Bargelds an jeder Transaktion eine gute Marge verdienen, und der Staat nimmt mehr Umsatz- und Verbrauchssteuern ein.

Konsum ist daher erwünscht, und die Verschuldung wird auch gesellschaftlich zunehmend toleriert. Kredite für Anschaffungen, wie neue Möbel, einen neuen Fernseher oder ein neues Auto, sind üblich geworden. Die Finanzierungsangebote wirken verlockend. Diejenigen, die sie nutzen, wissen nicht, was sie tun. Viele verdrängen ihre zu hohe Schuldenlast.

Mit der Bargeldabschaffung können Staaten und Banken ihren Kunden beziehungsweise Steuerbürgern noch mehr als bisher die Pistole auf die Brust setzen, um endlich zu konsumieren. Negativzinsen sollen eben auch vom Sparen abschrecken.

Sanierende umverteilende Währungsreform mit noch umfassenderer Durchsetzung von Negativzinsen

Zu Beginn der Finanzkrise hatte die Fed in den USA erwogen, Negativzinsen von 4 oder 5 Prozent einzuführen. Mit diesem Eingriff sollten Menschen dazu gebracht werden, Geld zur Ankurbelung der Konjunktur auszugeben. Die Hoffnung war, dass Bürger ihr Sparschwein schlachten und das Geld für den Konsum verwenden.

Eine beabsichtigte Nebenwirkung wäre, die Preise von Staatsanleihen zu stabilisieren, wenn das frei gewordene Geld zu einer Umschichtung zu ihren Gunsten führte. Bei Negativzinsen wirken sogar die Staatspapiere wieder attraktiv. Aber täuschen Sie sich nicht: Hier erhalten sie in erster Linie Risiko, jedoch keine Rendite. Die Neubewertung kommt bestimmt. Die Blase könnte platzen.

Um dies möglichst weit in die Zukunft zu verschieben, scheint fast jedes Mittel recht, auch die Bargeldabschaffung gehört dazu. So lässt sich die Sparerenteignung besser durchsetzen. Jörg Guido Hülsmann weist auf den Vorteil hin, dass drastische Schuldenschnitte (Währungsreformen wie 1923 und 1948) mit der Bargeldabschaffung überflüssig werden. Sie sind dann der politischen Auseinandersetzung entzogen: »Die permanente Revolution unserer Lebensweise fände dann endlich ihr finanzielles Gegenstück im permanenten Schuldenschnitt.«[89]

Welche Alternativen gibt es zum aktuellen Geldsystem, das von Banken und Staaten geprägt ist? »Beeindruckend ist das Ausmaß, mit dem Gold immer noch das Finanzsystem als ultimatives Zahlungsmittel beherrscht«, sagte 2009 der frühere US-Notenbankchef Alan Greenspan.

Das aktuelle Geldsystem ist dringend reformbedürftig. Eine Entstaatlichung des Geldes ohne Abschaffung des Bargelds würde in die richtige Richtung führen. Nur durch konkurrierende Währungen im Sinne von Hayek kann wieder eine neue Stabilität eingeläutet werden.

Thomas Mayer fordert in der Tradition der österreichischen Schule die Einführung von Parallelwährungen und anderen Geldvarianten in Europa:

»In einem konföderalen, demokratischen Europa muss die Koexistenz von Euro, weiteren Gemeinschaftswährungen, nationalen und privaten Währungen, wie sie zum Beispiel gegenwärtig als elektronische Zahlungs- und Wertaufbewahrungsmittel entstehen, möglich sein. Bürger sollten die Freiheit haben, Verträge in gegenseitigem Einvernehmen in den von ihnen bevorzugten Währungen abzuschließen.«[90]

Bitcoins (elektronisches Geld) sind eine solche staatsfreie Alternative. Nach Professor Rogoff sollte dieses elektronische Privatgeld reguliert werden. Bitcoins stehen im Verdacht, ein Zahlungsmedium der Schattenwirtschaft sein. Wie Bargeld ermöglichen sie angeblich anonyme Transaktionen. Auch Kryptowährungen unterliegen der Gefahr von Hackerangriffen. Als Konkurrenz zum staatlichen Geld sind sie umstritten und werden mit hoher Wahrscheinlichkeit verboten, sobald sie das Papiergeldmonopol der Notenbanken ernsthaft gefährden.

»Alles Nachdenken über Geld führt zuletzt auf uns zurück. Niemand außer uns und den legalen Münzen darf sich Mark, Franc, Dollar oder Pfund Sterling nennen. Viele Leute meinen, wir seien nur noch dazu nutze, als Bezeichnung einer Zahl hinzugefügt zu werden, damit man weiß, dass es sich nicht um Äpfel oder Birnen handelt. Am liebsten wäre es manchen Leuten, wenn wir, die Banknoten – eingeschlossen die Notenbankguthaben und die Münzen – uns überhaupt verflüchtigten, uns wenigstens aufs Altenteil oder ins Museum zurückzögen. Was sind wir lästig, solange wir uns noch in der Wirtschaft herumtreiben. Müssen uns doch die Banken – zinslos – in ihren Kassen oder auf dem Konto unseres Dienstherren, der Notenbanken, bereithalten für den Fall, dass altmodische Menschen die Schuldversprechen der Banken, Bargeld gegen Guthaben auszuzahlen, tatsächlich erfüllt sehen möchten. Dabei tun die Banken alles, um die Menschen ›aufzuklären‹. Sie wollen eine ›bargeldlose Gesellschaft‹, in der die Leute als Geld nur noch Schuldversprechen, Forderungen gegen Banken, mit Hilfe von Schecks und Kreditkarten (›Plastikgeld‹) herumschicken. Es wird vielleicht nicht mehr lange dauern, und auch der Scheck wird zum alten Eisen gehören; dann geht man ins Geschäft zum Einkaufen grundsätzlich ohne Bargeld, ohne Scheck, und mit einem Tastendruck an der Kasse wird der Rechnungsbetrag bei einer Bank vom Kunden auf den Kaufmann umgebucht. Das wäre eine Rationalisierung nach dem Herzen aller. Wenn wir einmal abgeschafft sind, werden die Banken ihre Liquiditätsprobleme los sein. Der Ausdehnung der Schuldversprechen wird keine Grenze gesetzt sein; denn es ist nichts da, in das sie eingelöst werden müssen. Das Geld, exakt registriert in schwarzen elektronischen Kästen, sauber ausgedruckt auf den fast unendlichen Papierrollen der Rechenautomaten, wird aus uneinlösbaren Schulden bestehen. Dann wäre auch vielleicht der unangenehme Zins aus der Welt geschafft.

Die Leute sind aber meist klüger als die Propheten des reinen Luftgeldes. Da soll es doch vorgekommen sein, dass sie mit Koffern voll von Banknoten über die Grenzen zogen und sich Banknoten anderer Länder beschafften. Andere verlangten von ihren Banken, dass diese ihre Notenbankguthaben dazu verwendeten, für sie Guthaben bei ausländischen Banken, Devisen, zu beschaffen. Sie haben die Schuldversprechen ihrer Banken eingetrieben, weil sie dem Wert des Geldes misstrauten. Die ›Abstimmung mit den Füßen‹, Auswanderung und Flucht, das deutlichste Misstrauensvotum gegen schlechte Regierungen und Diktatoren, wird wirtschaftlich erträglich, wenn man wenigstens Banknoten hinausschmuggeln kann, falls man kein Gold oder ein paar wertvolle Briefmarken hat. Wir, die einzige Liquidität, in der letztlich die Schulden zu bezahlen sind, haben noch eine wichtige Aufgabe: allen, die politisch und wirtschaftlich mächtig sind, zu zeigen, wo die Grenzen für unverantwortliches Handeln gezogen sind. Natürlich kann man uns einsperren, die Grenzen schließen, die Konvertibilität aufheben, aber dann breitet sich Dunkelheit aus über dem Geld dieses Landes.

Wir, die höchste Liquidität, sind die Bremse für ehrgeizige Pläne der Regierungen, für Illusionen von Kaufleuten und Technikern, wir sind ein wichtiger Maßstab, an dem der Bankier das Risiko seines Kreditgeschäfts misst. Darum mögen uns viele nicht. Denn ohne uns wäre nach deren Meinung alles viel leichter. Sie haben recht, soweit es jene Träume betrifft, denen der Rechenstift im Wege steht. Aber wenn auch wir uns diesen Illusionen hingäben, wir nur noch eine Bezeichnung, ein Zeichen wären, würden wir die ›kleinen Leute‹ wieder für dumm verkaufen, wie schon zweimal. Wir sind nicht sinnlos geworden in dieser Welt. Wenn uns unsere Dienstherren auch auf die Passivseite ihrer Bilanzen schrieben, als seien wir Papier oder schlichte Kontoaufzeichnungen, auf denen sie nicht mehr versprechen als den schlichten Umtausch in unseresgleichen, so haben wir doch, wie gesehen, noch eine wichtige Funktion. Freilich, wir sind kaum noch mehr als Funktionäre. Früher waren wir ganz feine Kerle; unser Dienstherr musste jedem, der einen von uns zu ihm brachte, eine bestimmte Menge an Gold aushändigen. Aber wir hoffen doch, dass die Menschen so vernünftig sind, uns nicht endgültig in Pension zu schicken.

Hoffen wir, dass den mächtigen Schöpfern Europas nicht auch noch einfällt, Europa so ›fortschrittlich‹ zu gestalten, dass Banknoten der Europäischen Währungseinheit gleich schon gar nicht gedruckt werden.«[91]

Obwohl der oben zitierte »Epilog der Banknote« von Professor Dr. Wilhelm Seuss schon mehrere Jahre alt ist, wurden die Folgen einer Bargeldabschaffung bereits klar und anschaulich thematisiert: Für die Banken wird es einfacher, ihre Liquidität zu sichern, und sie können ihre Schuldversprechen und damit ihr gewinnträchtiges Geschäftsvolumen ausweiten.

Mit den uneinlösbaren Schulden wäre nach Seuss dann vielleicht auch der unangenehme Zins aus der Welt geschafft. Diese Einschätzung war geradezu prophetisch. Die aktuellen Dauerniedrigzinsen waren damals angesichts sehr hoher Zinsen nicht absehbar. Sie teilenteignen heute die Sparer.

Die Folgen einer Bargeldabschaffung – nach Seuss die Schaffung von »reinem Luftgeld« – in der Eurozone ist der Ersatz durch ausländisches Bargeld oder die Abwanderung der Bürger. Bei der inzwischen sehr großen Eurozone ist diese, ebenso wie die beschriebene »Abstimmung mit den Füßen«, als Misstrauensvotum immer schwerer möglich.

Hinzu kommt, dass auch die angelsächsischen und skandinavischen Staaten – gegebenenfalls sogar schneller als die Eurozone – bargeldfrei sein könnten. Das unverantwortliche Wirtschaften der EU-Staaten mit immer höheren Schulden und die Geldflutung durch die EZB erhöhen gleichzeitig den Abwanderungsdruck für die Bürger. Wertsicherndes ausländisches Bargeld wie der Schweizer Franken (falls noch vorhanden) würde attraktiver. Das neue zins- und bargeldfreie Europa würde Regierungen und Banken allmächtig erscheinen lassen.

Schulden verlieren vermeintlich an Bedeutung. Es gibt keine Bindungen mehr, vor allem nachdem die Golddeckung aufgehoben wurde. Wenn man diesen Weg der Überschuldung so weitergeht, verstärkt sich die »Dunkelheit über dem Geld« Europas, wie Seuss es nannte. Dann kann es wie oben beschrieben dazu kommen, dass in diesem bargeldfreien Schulden-Europa die »kleinen Leute« zum wiederholten Male für dumm verkauft werden.

Grundsätzliche Geldanlagealternativen in Zeiten der finanziellen Repression

Die ist Ihre Geldanlage heute vor dem Hintergrund der finanziellen Repression zu strukturieren? Es bleibt der Grundsatz, dass Sachwerte Trumpf sind. Aktien und Im-mobilien sind attraktiv. Es ist unwahrscheinlich, dass eine selbst genutzte Immobilie im Zuge einer enteignenden Währungsreform verloren geht, es sei denn, es droht aus individuellen Gründen eine Überschuldung. Letztlich ist alles – das gilt auch für Aktien – eine Frage des Kaufpreises.

Bei Aktien muss die Qualität im Vordergrund stehen, die Fähigkeit, mit sicheren Geschäften dauerhaft Dividenden zu erzielen. Die Dividende sollte immer wieder reinvestiert werden. Der »Dividendendividendeneffekt« bei Aktien, wie Robert Halver ihn nennt, schafft langfristig höhere Renditen und ist nicht so riskant, wenn man bereit ist, das Geld langfristig zu investieren. Dies ist bei Aktien ohnehin sinnvoller, als zu »zocken« und alles auf eine Karte zu setzen. Werden Sie wieder Kapitalanleger, und lassen Sie hochriskante Wetten beiseite.

Bei Immobilien muss vor allem die Lage stimmen, daraus sind Preis und Rendite ableitbar. Vorsicht ist angebracht, gerade vor dem Hintergrund von Überhitzungserscheinungen in manchen Großstädten.

Der Kauf einer selbst genutzten Wohnung oder eines Hauses kann sich als teurer erweisen als ursprünglich kalkuliert. So können Preise unverändert bleiben oder sogar fallen. Dies ist insbesondere der Fall, wenn zum Beispiel Eigenheime auf der grünen Wiese individuell und extravagant gestaltet sind. Solche Häuser lassen sich üblicherweise sehr schlecht verwerten.

Staatsanleihen sind mehr denn je zu meiden; ein Silbermünzenbestand und der Besitz anderer wertbeständiger Tauschmittel sind u. E. dagegen auszubauen.

Anmerkungen zur Neuauflage 2019/2020: Das, was wir damals empfahlen, ist u. E. auch heute noch richtig. Hinsichtlich der fallenden Zinsen ist die Dramatik gestiegen. Mit den Negativzinsen ist die Enteignungsdynamik größer denn je. Alternativen werden attraktiver. Wenn dann noch hinzukommt, dass für das Abheben von Geld höhere Gebühren anfallen, wird die Verunsicherung noch deutlich steigen. Attraktiver werden

- das Bargeld anderer Staaten,
- Kryptowährungen wie Bitcoin,
- wertvolle Metalle, z. B. in Münzform,
- Tauschklubs und Gutscheine sowie
- Selbstversorgung mit Tauschwirtschaft.

Gleichzeitig werden die Bemühungen steigen, die Kapitalflucht zu erschweren. Die Diskussionen um das von Facebook geplante Digitalgeld *Libra* und die Abwehrhaltung von Regierungs- und Notenbankvertretern zeigen, dass ein Wettbewerb um das bessere Geld von privaten Anbietern, so wie es Friedrich August von Hayek in »Entnationalisierung des Geldes« (1976) forderte, nicht gewünscht ist. Insbesondere verschuldete Staaten können leichter zusammenbrechen, wenn den Bürgern bessere Geldalternativen geboten werden und sie dann ihr Kapital abziehen. Selbst wenn man eine demokratische Kontrolle und eine faire Regulierung von Zahlungsmitteln für notwendig erachtet, sollten innovative private Geldalternativen nicht in fortschrittsfeindlicher Manier von vornherein verteufelt werden. Denn solche Ablehnung durch die Politik hat auch eigennützige Gründe – vielen Regierungen steht der »Schuldenwasserstand« bis zum Hals. Sie müssten ihre kreditfinanzierten Ausgabeorgien beenden und könnten die Investoren nicht mehr manipulierend fehllenken. Alle staatlich geförderten Finanzprodukte sollten daher noch kritischer als bisher unter die Lupe genommen werden.

Alte Gewissheiten gelten nicht mehr, wenn Stimmungsmache von interessierter Seite, die medial verbreitet wird, rationales Denken verdrängt. So könnte der aktuelle Hype um »grüne« Anlagen Investoren am Ende Geld kosten. Regulierungen sollten Marktkräfte nicht aushebeln (sondern nutzen!), sonst bleibt für Investoren und Klimaretter am Ende nur ein Scherbenhaufen.

Fremdvermieteter Wohnraum steht zunehmend am Pranger. Der auch medial geschürte Neid wird Anpassungen zur Folge haben. Notwendige Neubauinvestitionen werden durch die Verunsicherungen behindert. Enteignungen haben noch nie fehlenden neuen Wohnraum geschaffen. Verängstigte Immobilienbesitzer verkaufen in Deutschland schon.

Zuerst flieht das Kapital. Dann auch die Menschen, falls es ihnen nicht verunmöglicht wird. Eugen Richter, der klassisch liberale Denker und Politiker im Kaiserreich, warnte schon 1891 in seiner prophetischen Schrift »Sozialdemokratische Zukunftsbilder« vor den freiheits- und wohlstandszerstörenden Folgen des Sozialismus. Übrigens genau 70 Jahre vor Walter Ulbrichts Mauerbau.

Seine Ausführungen könnten auch für Ihr Kapitalvermögen und nicht zuletzt für Ihre Immobilien relevant sein. Mobile Vermögen sind nach langjährigen Erfahrungen Immobilien immer mehr vorzuziehen. Der immer perfektere Steuerstaat mag auch – aus naheliegenden Gründen – das Bargeld nicht mehr. Er will friktionsfrei digital abschöpfen. Cash, unbelastet von Negativzinsen und mit hoher Flexibilität ausgestattet, scheint daher Trumpf in einer immer unberechenbareren Zeit, wo nur noch das Abgezocktwerden sicher erscheint.

Handlungsempfehlungen im Hinblick auf die Bargeldabschaffung

Die oben gezeigt, führt die Abschaffung des Bargelds zu einer umfassenden Kontrollmöglichkeit ökonomischer Aktivitäten. Sich dieser Überwachung zu entziehen, wird das Bestreben vieler Leser dieses Buches sein. Wir möchten dazu einige Handlungsempfehlungen geben.

Im Kern geht es um die Aufrechterhaltung der eigenen Tauschfähigkeit, wenn das elektronische Überwachungsgeld dafür nicht mehr genutzt werden darf beziehungsweise nur beschränkt genutzt werden kann. Seit Menschengedenken sind Edelmetalle die bevorzugte Währung, also Gold oder Silber in kleinen fungiblen Einheiten, vor allem Münzen.

Solange es noch Bargeld in anderen Währungen gibt, kann auch dieses als Zweitwährung Bedeutung erlangen. Allerdings ist damit zu rechnen, dass seine Abschaffung im OECD-Rahmen als eine Art konzertierte Aktion erfolgen wird.

Daneben bieten sich Warenwährungen (Commodity Currencies) an, die im Gegensatz zu Gold, Silber und anderen (Edel-)Metallen kaum verboten werden können. Dazu gehören zum Beispiel Zigaretten, Schnaps, andere hochwertige und haltbare Alkoholika (zum Beispiel Whisky), Kaviar, Konservendosen und Ähnliches.

In Bitcoins sehen wir nur eine eingeschränkte Fluchtmöglichkeit, da trotz Verschlüsselung die erfolgreiche Überwachung dieser Alternative durch die staatlichen Buchgeldkönige sehr wahrscheinlich ist.

Bauen Sie daneben Sozialkapital in Ihrem persönlichen, vor allem näheren Umfeld auf, also Familie, Freunde, Nachbarschaft. So können Sie über Naturaltausch (zum Beispiel Klavierstunden für die Tochter des Zahnarztes gegen eine Zahnbehandlung) Ihre Existenz und die Ihrer Familie zumindest in Teilen von der totalen Überwachung abschirmen. Überhaupt wird, wenn die oben ausgesprochenen Befürchtungen hinsichtlich dieses bargeldlosen Totalitarismus Realität werden, Vertrauenskapital zur wichtigen Ersatzwährung. Allerdings ist damit zu rechnen, dass der Versuch, die totale Überwachung zu umgehen, durch staatliche Gegenmaßnahmen massiv erschwert werden wird, also zum Beispiel durch noch mehr Überwachungskameras, durch informelle Mitarbeiter des Verfassungsschutzes et cetera.

Darüber hinaus empfiehlt sich Investition in Bildung, sei es die eigene oder die der Kinder und Enkelkinder beziehungsweise anderer nahestehender Personen. Dadurch erhöhen sich die Chancen auf eine etwaige Auswanderungsmöglichkeit in andere Länder mit freiheitlichen Verfassungen.

Als wenig hilfreich bis sogar kontraproduktiv könnten sich hingegen Investitionen in Immobilien erweisen, und zwar dann, wenn ihre Nutzung ebenfalls total kontrolliert werden kann und die heute schon vorhandene Tendenz zur Überregulierung (Mietpreisbremse et cetera) bei Abschaffung des Bargelds sich nochmals deutlich verstärken wird.

Anmerkungen zur Neuauflage 2019/2020: Ohne Bargeld sind wir den Zudringlichkeiten unserer Datenspione verstärkt ausgeliefert.

Digitale Tauschbörsen auf regionaler Ebene ohne die fatalen Auswirkungen international agierender Plattformen, die systematisch ihre Informationsvorteile gegen uns verwenden, wären eine Alternative, auch wenn das Bargeld abgeschafft oder bereits stark zurückgedrängt wäre. Die Ohnmacht der Bürger, deren Privatsphäre zu einem öffentlichen kommerziellen und staatlichen Gut wird, muss durch konsequentes Handeln überwunden werden. Unsere fünf Sinne kommen zu kurz, wenn unsere Datensammler uns individuell abzocken können. Es ist völlig unlogisch, wenn wir unseren Transaktionspartnern im Netz auch noch die Argumente liefern, uns bestmöglich übervorteilen zu lassen. Daher ist eine »Immunisierung« zu empfehlen. Wenn wir als Datenproduzenten nicht adäquat bezahlt werden, sollten wir uns verweigern. Wer seinem Geschäftspartner zu viele Daten gibt bzw. sich in die Karten schauen lässt, verliert. Auch die Zugriffsgefahr durch den Staat nimmt zu. Wenn wir gläsern sind, werden wir alternativlos unserem Bargeld entfremdet. Es geht den führenden Bargeldgegnern nicht um »Finanzielle Inklusion« zur Bekämpfung von Armut, sondern um lukrative Geschäfte, die sie nur nach der Beseitigung des Bargelds durchziehen können. Ja, wir haben etwas zu »verbergen«! Das ist unsere Lebensleistung, die wir von kommerziellen Datenkraken und staatlichen Stellen nicht entwerten lassen sollten. Bargeld verhindert den Datenmissbrauch und Eingriffe in die Bürgerrechte.

Der Rückzug in private Schutzräume, die noch überschaubar sind, ist jetzt wertvoller denn je. Die Sicherung der Privatsphäre verschafft uns Freiräume, die wir immer dringender benötigen. Abseits von den falschen Sirenenklängen kann man sich dann jene Freiheit bewahren, die noch vor einigen Jahren selbstverständlich war. In der Not sind Menschen erfahrungsgemäß solidarisch und zu ungeahnten Leistungen fähig. Das lässt hoffen!

Politische Handlungsempfehlungen

Wir wollen mit diesem Buch keine Panik schüren, sondern für eine durchaus denkbare Bedrohung unserer Freiheit sensibilisieren. Deswegen würden wir uns über eine Bürgerinitiative »Rettet unser Bargeld« freuen. Sie könnte der mit dem vorliegenden Buch angestoßenen Aufklärungsarbeit Breitenwirkung verschaffen. So könnten beispielsweise die Parteien vor der Wahl nach ihrer Haltung zu Bargeld befragt werden, um so die Öffentlichkeit zu sensibilisieren und die schnelle Abschaffung aufgrund plötzlicher, auch medial hochgespielter Ereignisse wie Mafiaskandale und dergleichen politisch zu erschweren.

Anmerkungen zur Neuauflage 2019/2020: Die Zustimmung in der Bevölkerung zur Erhaltung des Bargelds ist weiterhin extrem hoch. Die mediale Verbreitung dieses Bürgerwillens könnte ausgeprägter sein, also müssen wir es selbst in die Hand nehmen.

Lohnt beispielsweise ein Engagement in politischen Parteien, die für die Erhaltung des Bargelds kämpfen? Dazu müsste man zunächst die Meinungsbildung und die Kampagnenfähigkeit einschätzen können. Ausgangspunkt sind die Parteiprogramme und die Frage, ob und inwieweit sie zur Bargelderhaltung aufrufen.

CDU:

Die CDU arbeitet gerade an einem neuen Grundsatzprogramm. Das bisherige aus dem Jahr 2007 enthielt noch kein klares Bekenntnis zur Bargelderhaltung. Ob sich die CDU zu einem Statement wie ihre Schwesterpartei CSU durchringen kann, ist noch offen. Es wäre gut und wichtig, wenn die immer noch führende inländische Volkspartei hier ein klares Signal setzt und nicht den Befürwortern einer digital gesteuerten Umverteilung und Benachteiligung der Bürger auf den Leim ginge. Im gemeinsamen Regierungsprogramm von CDU/CSU aus dem Jahr 2017 wurde auf S. 53 relativ weich und relativierend formuliert: »Wir wollen leistungsfähige und sichere digitale Bezahldienste. Auch im Zeitalter der Digitalisierung bleibt aber das Bargeld ein wichtiges Zahlungsmittel.«

CSU:
Bereits 2016 plädierte Dr. Markus Söder, heute Ministerpräsident, damals als Finanzminister Bayerns, dafür, das Bargeld zu erhalten: »Das Bargeld muss erhalten bleiben. Der Bürger soll auch in Zukunft so zahlen können, wie er es für richtig hält. Der Staat muss nicht alles regulieren.« »Eine Begrenzung auf 5.000 Euro wäre der Einstieg in die endgültige Abschaffung des Bargelds.« (bayern.de, 08.02.2016) Im aktuellen CSU-Grundsatzprogramm, beschlossen am 05.11.2016 in München, steht auf S. 19 am Ende des Absatzes, der mit »Wir kämpfen für eine stabile Währung« beginnt: »Bargeld ist geprägte Freiheit. Wir sagen Nein zur Abschaffung des Bargelds.« Das ist erfreulich klar und unmissverständlich (http://csu-grundsatzprogramm.de/wp-content/uploads/CSU-Grundsatzprogramm-ES.pdf).

SPD:
Die zweite traditionell in Deutschland wichtige Volkspartei, die sich aber mancherorts der Fünf-Prozent-Hürde von oben

her nähert, also die SPD, hat wie die CDU ein noch gültiges Grundsatzprogramm, das aus dem Jahr 2007 (beschlossen am 28.10.2007 in Hamburg) stammt. Zur Bargelderhaltung gibt es dort keine Stellungnahme. Die SPD-Bundestagsfraktion wies aber 2016 die Forderung des Wirtschaftsweisen Peter Bofinger zurück, der das Bargeld abschaffen möchte, um Notenbanken die Durchsetzung ihrer Geldpolitik zu ermöglichen (vgl.: Dr. Johannes Fechner, rechtspolitischer Sprecher: »Recht auf Bargeld« (Pressemitteilung), spdfraktion.de, 18.02.2016).

FDP:
Bei der FDP findet sich im Grundsatzprogramm aus dem Jahr 2012 kein Plädoyer für das Bargeld. Im Programm zur Europawahl 2019 finden sich auf S. 102 folgende Forderungen im Kapitel »Bargeld bleibt Zahlungsmittel in der EU«: »Wir Freie Demokraten sprechen uns für die Beibehaltung des Bargelds aus. Es soll auch zukünftig europaweit möglich sein, mit Bargeld zu zahlen. Die Bürgerinnen und Bürger entscheiden über das Zahlungsmittel.« Im Programm zur Bundestagswahl 2017 wurde auf S. 78 noch deutlicher und entschiedener formuliert: »Bargeld ist geprägte Freiheit. Wir Freie Demokraten setzen uns für die uneingeschränkte Nutzung von Bargeld als Zahlungsmittel ein. Bargeld ist ein Teil unserer Freiheit. Es ermöglicht uns, zum Beispiel ohne staatliche Kontrolle und Überwachung Geld aufzubewahren, Geschäfte ohne Bankgebühren abzuschließen und erfüllt eine wertvolle Aufgabe bei der Erziehung unserer Kinder. Denn der Umgang mit Geld lernt sich am besten mit Scheinen und Münzen. Es gibt keinerlei Anhaltspunkte, dass durch ein Verbot oder die Einschränkung der Bargeldhaltung Terroris-

mus oder Kriminalität bekämpft werden könnten. Wir Freie Demokraten fordern daher den Erhalt des Bargelds.« Die 2017 geplante Einführung einer Obergrenze für Barzahlungen wurde bekämpft (https://www.fdp.de/sites/default/files/uploads/2017/07/26/20170726-bargeld.pdf). Der Hayek-Anhänger Frank Schäffler gehört in der FDP zu den besonders engagierten Politikern, die für die Erhaltung des Bargelds kämpfen, für ihn »ein Stück Freiheit, das uns vor der nächsten Stufe der finanziellen Repression schützt. Digitales Zentralbankgeld wäre der Weg in die finanzielle Knechtschaft und die Unmündigkeit« (Frank Schäffler: »Digitales Zentralbankgeld: Ein neuer Angriff auf das Bargeld«, Frankschaeffler.de, 12.07.2019).

Bündnis 90/Die Grünen:
Die Partei Bündnis 90/Die Grünen erneuert wie die CDU ihr Grundsatzprogramm (das derzeit gültige ist noch aus dem Jahr 2002). Eine dezidiert bargeldfreundliche Haltung ist hier nicht erkennbar, es gab die Forderung, die Ein- und Zwei-Cent-Münzen abzuschaffen (vom Grünen-Fraktionsvize Oliver Krischer; AFP/jr.: »Grüne fordern Abschaffung von Ein- und Zwei-Cent-Münzen«, welt.de, 11.01.2019). Wer das Bargeld erhalten will, sollte auf Bündnis 90/Die Grünen nicht setzen, sie haben viel Verständnis für ein trackbares Sharing zur Schonung der Umwelt (vgl. S. 37 des Grundsatzprogramms 2002). Das klingt gut, aber die Diskussionen um den steigenden Energieverbrauch durch die Digitalisierung und den Klimakiller Kryptowährungen kommen zu kurz (Ausnahme Boris Palmer, vgl. Boris Palmer: »Es ist Zeit für eine Regulierung«, faz.net, 16.01.2018).

Die Linke:
Im Programm der Partei Die Linke aus dem Jahr 2011 findet sich kein Plädoyer für die Erhaltung des Bargelds. Sahra Wagenknecht war eine Befürworterin des Bargelds und ihre Position ist nicht zuletzt deswegen auch in diesem Buch nachlesbar. Nach ihrer Rückzugs-Ankündigung ist die künftige Positionierung der Partei hier ungewiss.

AfD:
Die AfD tritt in ihrem aktuellen Grundsatzprogramm aus dem Jahr 2016 auf S. 76 unter 11.10 dafür ein, die Bargeldnutzung uneingeschränkt zu erhalten: »Bargeldnutzung ist ein bürgerliches Freiheitsrecht. Wir treten dafür ein, das Bargeld uneingeschränkt als gesetzliches Zahlungsmittel zu erhalten – auch entgegen anders gerichteter Bestrebungen der Bundesregierung, des Internationalen Währungsfonds (IWF), der Europäischen Zentralbank (EZB) und einiger EU-Mitgliedsstaaten.« Auch im Wahlprogramm 2017 wird unter 2.3 auf S. 15 gefordert (in voller Länge zitiert):

> »Erhalt des Bargelds – Unser Bargeld ist in Gefahr. Mit Unterstützung von Bundesregierung, Internationalem Währungsfonds und Europäischer Zentralbank wird seine schleichende Abschaffung vorbereitet. Die AfD fordert den dauerhaften Erhalt der uneingeschränkten Bargeldnutzung als wichtiges bürgerliches Freiheitsrecht. Mit der Abschaffung des Bargelds würde die Rolle des Geldes als unantastbarer und gebührenfreier Wertspeicher eingeschränkt. Eine Abschaffung des Bargelds macht für den Krisenfall die Enteignung von Kontoinhabern möglich.

Bargeld ist ein natürliches Bollwerk gegen eine weitere Absenkung der Zinsen bis in den negativen Bereich. Ein Bargeldverbot würde bedeuten, dass Zahlungsvorgänge nur noch elektronisch stattfinden können. Dies eröffnet Staat und Banken die totale Kontrolle über alle Geldströme und Wirtschaftsaktivitäten, über jede finanzielle Handlung der Bürger, unter Umständen sogar über deren Aufenthaltsorte. Aus dem gläsernen Bankkunden würde der gläserne Mensch – Vollüberwachung bis hinein in private, ja intime Lebensbereiche. Mit einem freiheitlichen Rechtsstaat sind solche Kontrollmöglichkeiten nicht vereinbar.«

Die Forderung ist im guten Sinne populär, weil im Sinne der Freiheit. Diese Oppositionspartei widmet sich besonders breit der Erhaltung des Bargelds.

Die wichtigsten inländischen Parteien unterscheiden sich zusammengefasst damit hinsichtlich ihrer vertretenen Meinung zur Bargelderhaltung relativ deutlich. FDP, CSU und AfD formulieren dezidiert bargeldfreundlich. Bei CDU, SPD, Grünen und den Linken wäre hier mehr Klar- und Entschiedenheit wünschenswert. Ansonsten stellen sie sich gegen die Interessen der Bürger, die bei einer kompletten Digitalisierung unserer Lebenswelt ihre Daten zu billig preisgeben für vermeintliche Gratis-Onlinedienstleistungen. Ein demokratischer Rechtsstaat sollte die sich verstärkenden Informationsasymmetrien bekämpfen (vgl. Heike Mai: »Bargeld sorgt für besseren Datenschutz – und stärkt so den Einzelnen«, dbresearch.de, 18.07.2019). Sie – kommerzielle Dienstleister und der Staat – wissen alles über uns und wir sitzen in der Falle. So weit darf es nicht kommen.

Insbesondere die traditionellen Volksparteien CDU und SPD sollten hier umdenken, wenn sie das Vertrauen bei ihren Wählern nicht noch mehr verspielen wollen. Warum liefern sie der AfD eine Steilvorlage durch ihr mangelndes Engagement für das Bargeld?

Es bleiben Fragen. Wieso schreitet die Bargeldabschaffung voran, obwohl auch an der Macht befindliche Parteien auf ihrer Fahne stehen haben, das Bargeld nicht abzuschaffen? Wieso passiert es dann, zumindest schleichend? Wer steuert diese Prozesse, wenn unsere Politik laut ihren Programmen zumindest teilweise offiziell dagegen ist? Sind es vor allem die Interessenlagen der Plattformkonzerne, die auch der geplanten Digitalwährung *Libra* zum Erfolg verhelfen könnten? Oder agieren Politiker hier scheinheilig? Wollen sie uns nur beruhigen und leiten gleichzeitig unsere »alternativlose« Enteignung schleichend in die Wege? Ganz wichtig bleibt daher: Die demokratische Kontrolle sollten wir Bürger uns nicht entreißen lassen!

Es bleibt uns, unabhängig von der Unterstützung bargeldfreundlicher Parteien, die Möglichkeit, Petitionen zur Bargelderhaltung zu unterstützen (wie z. B. https://rettet-unser-bargeld.de/ oder http://stop-bargeldverbot.de/) sowie vom Demonstrationsrecht nach Art. 8 des Grundgesetzes Gebrauch zu machen.

Noch einfacher: Nutzen Sie ganz persönlich – wo immer es geht – Bargeld! Und erzählen Sie anderen davon und ermuntern Sie sie, Ihnen nachzueifern. Gehen Sie mit gutem Beispiel voran und nutzen Sie Münzen und Scheine!

Statt Bargeldabschaffung: Plädoyer für einen schlanken und effizienten Staat!

Die bereits weiter oben erwähnt, würde eine Bargeldabschaffung dazu führen, dass die Absicherung gegen Risiken für die Bürger teurer wird. Negativzinsen würden

dann auch verstärkt für Geldhortung gelten, da Umgehungen (über Edelmetalle und anderes) schwieriger werden.

Die Geldhortung würde ohne diese weitere Intervention durch die Geldpolitik – man könnte hier auch von Manipulation sprechen – unattraktiver. In einer schweren Krise, die sich inzwischen zunehmend zu einer Vertrauenskrise der Bürger gegen das Geldsystem auswächst, das von Banken mit den Zentralbanken und staatlichen Stellen geschaffen wurde, nimmt die Kassenhaltung zu. Bei künstlich (durch die Zentralbanken) heruntergesetzten Zinsen würde die Bargeldhaltung rationalerweise zunehmen und damit würde die Umlaufgeschwindigkeit des Geldes zurückgehen. Das heißt, das vorhandene Geld zirkuliert langsamer in der Volkswirtschaft. Dadurch reduziert sich zunächst die Inflationswirkung der nach oben gepuschten Geldmenge.

Auch das langfristige Vorsorgesparen des Bürgers wird durch einen zunehmend omnipotenten Betreuungs- und Wohlfahrtsstaat ausgehebelt. Aber ein solches System ist nur vordergründig ein Sozialstaat› in Wirklichkeit ist es das genaue Gegenteil. Die Interessen des Fiskus (der besteuernde Staat) und der Banken (Gebühren) sowie von Verkaufsplattformen im Internet und Kartendienstleistern sind viel stärker im Spiel und werden bei diesem Powerplay zu stark ausgeblendet. Sie sind nicht die Freunde der Bürger, sondern suchen gerade in der Stunde finanzieller Not nach neuen Einnahmen- und Umverteilungsquellen.

Ludwig Erhard formulierte in Wohlstand für alle bereits 1964 klar, wo die Grenzlinie verläuft, die heute – auch in Deutschland – längst überschritten ist:

> »Das mir vorschwebende Ideal beruht auf der Stärke, dass der Einzelne sagen kann: ›Ich will mich aus eigener Kraft bewähren, ich will das Risiko des Lebens selbst tragen, will für mein Schicksal selbst verantwortlich sein. Sorge du, Staat, dafür, dass ich dazu in der Lage bin.‹ Der Ruf dürfte nicht lauten: ›Du, Staat, komm mir zu Hilfe, schütze mich und hilf mir‹, sondern umgekehrt: ›Kümmere du, Staat, dich nicht um meine Angelegenheiten, sondern gib mir so viel Freiheit und lass mir von dem Ertrag meiner Arbeit so viel, dass ich meine Existenz, mein Schicksal und dasjenige meiner Familie selbst zu gestalten in der Lage bin.‹«[92]

Erhard förderte das Sparen der Bürger. Sie sollten sich gegen die Wechselfälle des Lebens selbst schützen. Ein paternalistischer Betreuungsstaat war das Gegenteil von dem, was er wollte. Dazu schrieb Roland Tichy im Vorwort zu Wohlstand für alle:

> »Erhard bekämpfte Lobbyisten. ›Wohlstand für alle‹ nahm er wörtlich. Er sah das Heil nicht in Umverteilung. Sein Ziel war anspruchsvoller. Die Wirtschaft muss so gestaltet

> sein, dass niemand gezwungen ist, um Hilfe bei einem Sozialamt zu bitten. Eigenverantwortlichkeit ist die Voraussetzung für Wohlergehen.«[93]

Und genau diese Eigenverantwortlichkeit wird mit der Bargeldabschaffung weiter ausgehebelt.

So steigen die Opportunitätskosten (Kosten für eine alternative Verwendung des Geldes) für die Geldhortung. Grundsätzlich sind die Opportunitätskosten bei niedrigen oder sogar negativen Zinsen gering beziehungsweise negativ. Der Bargeldspeicher würde lohnen. Das ist auch logisch und macht die Kassenhaltung attraktiv. Der von Banken und der Staatengemeinschaft in der EU künstlich heruntergedrückte Zins – der weit unter dem langfristig positiven ›natürlichen‹ Zins liegt – ist fehlsteuernd.

Es wird dann darum gehen, das Outsourcing der Verantwortung weiter zu verstärken. Staaten und Banken garantieren die vermeintliche finanzielle Autonomie. In Wirklichkeit sind die Eigeninteressen vertretenden Kartenanbieter und Banken sowie alle kommerziell angeschlossenen Mitverdiener nicht Ihre Freunde. Sie wollen ihren Gewinn maximieren. Dies ist legitim, aber es sollte von Ihnen einkalkuliert werden.

Der Staat ist auch Teil des Powerplay und wird Sie – gemeinsam mit Banken und Kartendienstleistern – finanziell besteuern. Er ist ohnehin hochverschuldet.

Da das Bankgeheimnis weitgehend geschliffen ist, könnte zum Beispiel die EU erstmals versucht sein, im Zuge der Bankenunion über Banken und Kartendienstleister eine eigene Besteuerung durchzusetzen. Mit einer eigenen Finanzhoheit würde die zentralistische Tendenz in der EU und nicht zuletzt in der Eurozone weiter verstärkt. Hiervor ist zu warnen, die demokratische Legitimation dafür ist ohnehin umstritten.

Mit der »Organisation der Unverantwortlichkeit« (Charles Wright Mills) und der Geldflutung durch die Zentralbanken haben die Staaten ihre zentrale Aufgabe, ihre Haushalte wieder in Ordnung zu bringen, nicht erfüllt. Im Gegenteil: Seit dem Ausbruch der Finanzkrise hat die Verschuldung weiter zugenommen.

Die Sozialausgaben haben – aus sozialpopulistischen Überlegungen heraus nachvollziehbar – drastisch zugenommen, Zukunftsinvestitionen für eine Infrastruktur, die schleichend verrottet, und für Bildung, welche die Grundlage unseres Wohlstands ist, kommen dagegen viel zu kurz. Ein schlanker und effizienter Staat ist wieder anzumahnen. Die seit Jahren explodierenden Sozialausgaben zeigen, dass die Richtung nicht mehr stimmt.

Gabor Steingart schreibt im Vorwort zu Ludwig Erhards *Wohlstand für alle*:

»Das Modell Deutschland, von dem allenthalben die Rede ist, ist ein Modell auf Abruf. Die Bedingungen, denen wir unseren Aufstieg verdanken, werden bald schon auf ihre Belastbarkeit getestet.

›Eine freiheitliche Wirtschaftsordnung kann auf Dauer nur dann bestehen, wenn und solange auch im sozialen Leben der Nation ein Höchstmaß an Freiheit, an privater Initiative und Selbstvorsorge gewährleistet ist.‹

Aus dem Höchstmaß an Selbstvorsorge ist mit den Jahrzehnten ein Mindestmaß geworden. Die Bürokratie wuchert, ein sozial und ökologisch motivierter Dirigismus gehört zum Alltag der Unternehmen und der Bürger.«[94]

Auch die Bargeldabschaffung wäre eine freiheitsfeindliche Lösung von durch die Politik vorher selbst geschaffenen Problemen. Sie entmündigt und teilenteignet die Bürger mehr denn je – genau das Gegenteil sah die soziale Marktwirtschaft Erhard'scher Prägung vor.

Auch die Deutsche Bundesbank hat sich hier immer sehr klar geäußert. So wandte sich Bundesbank-Vorstand Carl-Ludwig Thiele beim Bargeld-Symposium im Mai 2014 gegen jene, die Bargeld als »Relikt aus vergangenen Zeiten« abtun. Bargeld hat nach seiner Ansicht eine Transaktions- und auch eine Wertaufbewahrungsfunktion, und gerade diese ist von großer Bedeutung. Voraussetzung dafür ist, dass Material und Wert des Geldes beständig sind. So ist die Wertkonservierung über die Zeit möglich, die Bildung einer Reserve, über die bei Bedarf verfügt werden kann. Die Wertaufbewahrungsfunktion ist daher gerade für Sparer wichtig, die als Entschädigung dafür, dass sie auf die Verfügung über ihr Geld verzichten, Zinsen erhalten. Genau dieses Vertrauen in die Wertbeständigkeit des Geldes bildet die Grundlage des Geldwesens.

Dieses Grundvertrauen, wenn man so will, wird jetzt untergraben, vielleicht sogar auf Dauer zerstört. Mit rein elektronischem Geld lässt sich nicht nur jeder Tauschvorgang nachzeichnen, sondern über die Nichtzahlung von Zins für den Sparer oder sogar Negativzinsen, die wie eine Strafgebühr wirken, der Bürger sogar relativ unauffällig enteignen. Professor Kirchhof wies auf diesen Zusammenhang hin und forderte einen grundgesetzlichen Schutz für den Sparerzins.

Fazit/Schlusswort: Warum Bargeld weiterhin wichtig ist

Die Bargeldabschaffung wird kommen, wenn die Bevölkerung dies toleriert. Sie sollte alle demokratischen Möglichkeiten des Widerstands nutzen. Es ist zwar nicht auszuschließen, dass die Bargeldbefürworter ihren Kampf verlieren, aber er lohnt. Es geht um die Freiheit. Mit dem gläsernen Zahler wird die Privatsphäre noch weiter ausgehöhlt. Besteuerung wird noch leichter. Es wird bequem bei jedem Geschäftsvorgang abgebucht. Die Transaktionssteuer kommt, aber nicht die Banken zahlen, sondern Sie!

Wenn Sie Geld horten wollen – weitgehend Fehlanzeige! Denn künftig ist das Bargeld abgeschafft. Edelmetalle werden unter Umständen hoch besteuert oder zum Beispiel wird der Goldmünzenbesitz ganz verboten. (Anmerkung zur Neuauflage 2019/2020: Nach einem Referentenentwurf des Bundesfinanzministeriums soll eine Bargeldobergrenze von 2.000 Euro für anonyme Käufe von Edelmetallen eingeführt werden (Siedenbiedel/Schäfers: »Mit Bargeld Gold kaufen? Nur bis 2000 Euro!«, FAZ, 10.07.2019, S. 23). Bereits 2020 könnten alle Edelmetalltransaktionen über 2.000 Euro meldepflichtig werden.) Passenden Ersatz wird es kaum mehr geben. Die umverteilende Enteignung der Sparer kann so noch verstärkt werden.

Eine Volksabstimmung wird es vermutlich – genau wie bei der Abschaffung der Deutschen Mark – nicht geben. Das würde ohnehin nur Unruhe schaffen.

Nicht nur dem verunsicherten Normalbürger, auch dem in den Medien verunglimpften »Wutbürger« wird eine Bühne zum öffentlichkeitswirksamen Protest genommen. Bei einer Bargeldabschaffung wird ein Bank Run organisatorisch ausgeschaltet. Lange Schlangen vor einer Bank wie 2007 bei Northern Rock, die den Vertrauensentzug der Kunden zeigen, gehören dann der Vergangenheit an.

Wenn Buchgeld nicht mehr ohne weiteres in Bargeld umgewandelt werden kann, braucht man nicht mehr zur Bank zu laufen – auch nicht zum Geldautomaten, der im Krisenfall dann ebenfalls kein Bargeld mehr ausgibt. Der Staat und der Bankenapparat können regulativ bestimmen, dass nur noch Buchgeld richtiges Geld ist und Bargeld nicht mehr (Papiergeld würde dann im übertragenen Sinne als ungültig gestempelt und Kleingeldmünzen gegebenenfalls in einer Übergangsphase noch toleriert). Gewichtige Interessen sprechen dafür, dass es schon bald so kommt (Anmerkung zur Neuauflage 2019/2020: Die designierte EZB-Chefin Christine Lagarde wies in einem Vortrag bereits darauf hin, dass durch die elektronische Steuerung nach einer Bargeldabschaffung sich niemand mehr Vorteile durch einen schnellen Abzug des Geldes vom Konto verschaffen kann, wir können auf unserer Couch liegenbleiben (imf.org, 14.11.2018). Wenn das keine Warnung ist ...). Vielleicht finden Sie weitere Unterstützer für die Erhaltung des Bargelds!

Glauben Sie nicht leichtfertig, dass es in erster Linie um die Bekämpfung von Kriminalität geht. Sie ist ohnehin im digitalen Bereich etabliert, wie die laufenden Hackerangriffe zeigen. Datenspionage wird auch von Regierungen betrieben. Letztlich geht es nicht nur um private Verbrechen, die natürlich mit rechtsstaatlichen Mitteln bekämpft werden sollen, sondern auch um staatliche Kriminalität. Hier wäre mehr Transparenz wünschenswert.

Auch der staatliche Kampf gegen Steuerhinterzieher ist kritisch zu hinterfragen. Hilft die Bargeldabschaffung hier wirklich? Nachdem das Bankgeheimnis ohnehin an Bedeutung verloren hat (Anmerkung zur Neuauflage 2019/2020: Das Bankgeheimnis wird immer mehr geschliffen. Ist das eine neue Misstrauenskultur? Sind die explodierenden Kontenabrufe durch Behörden, die sich 2018 bereits auf fast 800.000 beliefen – fünf Jahre zuvor waren es erst 142.000 – wirklich berechtigt oder Ausdruck eines Überwachungsstaates? (Vgl. dazu: Norbert Häring: Schönes neues Geld, S. 16/17) und die Steuerparadiese aus europäischer Sicht immer weiter entfernt sind, warum soll dann noch das Bargeld abgeschafft werden? Kontrolliert wird ja auch an (früheren) Grenzstellen. Vermögensverschiebungen sind auch ohne Bargeldtransfers möglich.

Die Steuergestaltung multinationaler Konzerne ist hier nicht vorbildlich. Sie verlagern ihre Standorte dorthin, wo sie optimal verdienen können. Für Bürger, deren wirtschaftliche Gestaltungsfreiheit mit dem Bargeldverbot beschränkt wird, ist das befremdlich. Besteuert wird der, der sich nicht wehren kann. (Anmerkung zur Neuauflage 2019/2020: Inzwischen gibt es unter den Immobilienbesitzern relativ mehr Selbstnutzer, die Vermieter sind in der Minderzahl und stehen auch politisch am Pranger, wie die Diskussionen um Enteignungen in Berlin zeigen. Pragmatisch betrachtet besteuert der Staat das Geld »dort, wo noch was zu holen ist« (vgl. Reiner Braun, zitiert aus C. Siedenbiedel: »Die Angst vor höheren Steuern aufs eigene Haus«, FAZ, 16.07.2019). Alles was immobil ist, lässt sich schlecht durch Flucht der Besteuerung entziehen. Die Enteignungsdiskussionen schaffen Rechtsunsicherheit und zerstören das Vertrauen in die Zukunft privater Investoren. Sorgen machen sollten sich vor allem die vielen Kleinvermieter, die den größeren Teil der inländischen Wohnungsbestände betreuen (vgl. Daniel Stelter: »Enteignung als Irrweg: Wie der deutsche Wohnungsmarkt wirklich zu retten ist«, think-beyondtheobvious.com, 11.04.2019). Ihre Lobby ist schwächer als die der großen Immobilienverwalter. Sie verlangen oft verhältnismäßig wenig Miete, erzielen keine nennenswerte Rendite und sind angesichts der immer stärker einschränkenden Regulierungen (Bau- und Mietrecht) eher »soziale Angestellte des Staates« als handlungsfähige Eigentümer. Die Ausweitung der Mietpreisbremse führt zu einer kalten Enteignung. Einen langen Rechtsstreit überleben sie wirtschaftlich nicht. Sie sind dann, wenn es nach der Enteignung schlecht läuft, auch noch von staatlichen Hilfen abhängig – wie bei den Sparern, die keine Zinsen mehr erhalten und langfristig sogar in die Abhängigkeit vom Staat kommen könnten. So geraten die, die noch eigenverantwortlich wirtschaften könnten, in die Fänge der öffentlichen Hand. Die Finanzmittel sind hier aber längst verspielt.

Das Argument des Kampfes gegen Steuerhinterziehung wirkt vor dem Hintergrund der allzu nachgiebigen Haltung gegenüber einflussreichen multinational tätigen Gesellschaften nicht überzeugend. Während die Steuergestaltung internationaler Konzerne nach wie vor weitgehend eine Blackbox ist, soll der Bürger gläsern sein.

Der gläserne Zahler ist längst keine Utopie mehr. Er wird raue Wirklichkeit, wenn sich die Bürger nicht dagegen wehren. Fairer ist es, den »War on Cash« von interessierter Seite zu beenden und den Bürgern ihre finanzielle Freiheit zu lassen.

Die Hortung von Bargeld schafft Sicherheit. Sie wäre ohnehin kein Problem, wenn Sparer adäquate Zinsen erhalten. Hier wäre ein rechtlicher Schutz plausibel, um die Umverteilung nicht noch zu begünstigen.
Die Debatte müsste ganz anders geführt werden. Professor Paul Kirchhof forderte einen grundrechtlichen Schutz:

> »Die in der Europäischen Union verbundene Staatengemeinschaft betreibt gegenwärtig eine Politik des ›billigen Geldes‹, die manchem Geldeigentümer die Freiheit nimmt, sein Geld Ertrag bringend zu nutzen. Er kann nur noch Zinsen erzielen, die geringer sind als die Inflationsrate und die den Zinsertrag belastende Steuer. ... Das durch Staatsintervention verbilligte Geld gibt Banken, Fonds, Staaten und Spekulanten preiswertes Geld, mit dem die Begünstigten ertragreich wirtschaften, nimmt dadurch aber Geldeigentümern das Recht, aus ihrem Eigentum Erträge zu erzielen.«[95]

Während Kirchhof dem Recht von Geldeigentümern, aus ihrem Eigentum Erträge zu erzielen, Verfassungsrang einräumt, zieht er eine klare Grenze zu weltweiten Finanzaktivitäten von Hedgefonds oder den international tätigen Investmentbanken: »Das durch Geldtausch und Spekulation erworbene Geld verbleibt deshalb im Randbereich der verfassungsrechtlich geschützten Eigentümerfreiheit.«[96]

Sparer dürfen nicht bestraft werden. Die Durchsetzung von Negativzinsen mit einer Bargeldabschaffung ist eine besonders unfaire zusätzliche Umverteilung. Der gläserne Zahler würde so Realität. Er wäre kein freier Bürger mehr, sondern von Banken und vom Staat gelenkt. Der Betreuungsstaat übernimmt dann alle Lebensrisiken für Sie. Wollen Sie das wirklich?

Die Autoren

Robert Halver

Nach Abschluss seines betriebswirtschaftlichen Studiums begann Robert Halver seinen beruflichen Werdegang zunächst als Wertpapieranalyst bei der Sparkasse Essen. Anschließend war er bei der Privatbank Delbrück & Co für die Analyse der internationalen Kapitalmärkte und von Aktiengesellschaften der Branchen Automobile und Telekommunikation verantwortlich. Später formulierte er dort als Chefstratege die Anlagepolitik für die hausinternen Aktien- und Renten-Investments.

2001 wechselte Robert Halver als Direktor zur Schweizer Privatbank Vontobel. Neben der Anlagestrategie für Vontobel in Deutschland umfasste sein Verantwortungsbereich das Relationship Management sowie die Öffentlichkeitsarbeit der Vontobel Gruppe in Deutschland.

Seit 2008 ist Robert Halver bei der Baader Bank AG in Frankfurt tätig. Als Leiter Kapitalmarktanalyse ist er für die Einschätzung der internationalen Anlageklassen zuständig. In dieser Funktion ist er ebenso für die Außendarstellung der Baader Bank tätig.

Robert Halver verfügt über langjährige Erfahrung als Kapitalmarkt- und Börsenkommentator und ist durch regelmäßige Medienauftritte bei Fernsehsendern und Radiostationen, auf Fachveranstaltungen und Anlegermessen sowie Fachpublikationen und als Kolumnist einem breiten Anlegerpublikum bekannt. Seine Markenzeichen, die unterhaltsame, bildhafte Sprache, kommen bei keinem seiner Auftritte zu kurz.

Dr. Ulrich Horstmann

- Diplom-Kaufmann
- geboren 1960 in Essen
- 1980 Abitur und Wehrdienst (bis 1981)
- 1981 bis 1987 Studium an der Ruhr-Universität Bochum (Wirtschaftswissenschaften, Grundstudium) und an der Universität Trier (Betriebswirtschaftslehre, Hauptstudium)
- 1988 (bis 1989) Tätigkeit in der Führungszentrale der Firma Tengelmann in Mülheim a. d. Ruhr
- 1989 bis 1992 Doktoratsstudium an der Wirtschaftsuniversität Wien und Tätigkeit als Wertpapieranalyst
- 1992 bis 1994 Wertpapieranalyst WestCapital, Düsseldorf
- 1994 bis heute Wertpapieranalyst in München
- Buchveröffentlichungen (alle erschienen im FinanzBuch Verlag, München):
    - Die Währungsreform kommt (2011)
    - Womit wir morgen zahlen werden (2012)
    - Die geheime Macht der Ratingagenturen (2013)
    - Alles, was Sie über Das Kapital im 21. Jahrhundert
    - von Thomas Piketty wissen müssen (2014)
    - Zurück zur Sozialen Marktwirtschaft (2014)
    - Ludwig Erhard jetzt (2015)
    - Digitale Knechtschaft (2018)

Professor Dr. Gerald Mann

- geboren 1968 in München
- 1990 Bankkaufmann
- 1990 bis 1991 erste berufliche Tätigkeit im Bankgeschäft im Zuge der deutsch-deutschen Währungsunion in Dresden
- 1993 staatlich geprüfter Fremdsprachenkorrespondent
- 1995 Diplomaticus scientiae politicae Universitatis (Hochschule für Politik, München)
- 1996 Diplom-Volkswirt (Ludwig-Maximilians-Universität München)
- 1996 bis 1999 Unternehmensanalyst einer deutschen Großbank
- 1999 bis 2002 Geschäftsführer und beratende Tätigkeit im Verlagswesen
- 2002 bis 2006 freiberuflicher Dozent für Ökonomie an Akademien und Hochschulen
- 2003 Abschluss Zusatzstudium Erwachsenenpädagogik (Hochschule für Philosophie, München)
- 2006 Promotion über transatlantische Handelspolitik (Universität der Bundeswehr, München)
- 2006 Berufung zum Professor für Volkswirtschaftslehre an der FOM Hochschule für Ökonomie und Management
- Mitgliedschaften: Verein für Socialpolitik, Gesellschaft zur Förderung von Wirtschaftswissenschaften und Ethik (GWE), Hayek-Gesellschaft, List-Gesellschaft

Literaturverzeichnis

Adam, Klaus/Billi, Roberto M.: *Monetary Conservatism and Fiscal Policy*, Februar 2007.

Admati, Anat/Hellwig, Martin: *Des Bankers neue Kleider. Was bei Banken wirklich schiefläuft und was sich ändern muss*, München 2013.

Assenmacher, Katrin, Krogstrup, Signe: *Monetary Policy with Negative Interest Rates: Decoupling Cash from Electronic Money*, IMF Working Paper WP/18/191, August 2018.

Bagnall, John/Bounie, David/Huynh, Kim P./Kosse, Anneke/Schmidt, Tobias/Schuh, Scott D./Stix, Helmut: Consumer Cash Usage: A Cross-Country Comparison with Payment Diary Survey Data. Working Paper 14-4, Federal Reserve Bank of Boston, 2014.

Bähr, Christa: *Ansätze zu einer Theorie der Währungsreform. Währungsreformen nach offenen und zurückgestauten Inflationen*, Köln 1994.

Barro, R. J.: Rare Disasters and Asset Markets in the Twentieth Century, *Quarterly Journal of Economics*, 121, S. 823–866, 2006.

Barro, R. J.: Rare Disasters, Asset Prices, and Welfare Costs, *American Economic Review*, 99, S. 243–264, 2009.

Barro, R. J./Ursúa, J. F.: Macroeconomic Crises since 1870, *Brookings Papers on Economic Activity*, S. 255–335, Frühjahr 2008.

Barro, Robert J./Jin, Tao: *On the Size Distribution of Macroeconomic Disasters*, Harvard University, Februar 2011.

Barro, Robert J./Ursúa, José F.: *Rare Macroeconomic Disasters*, August 2011.

Blanchard, Olivier/Dell'Ariccia, Giovanni/Mauro, Paolo: Rethinking Macroeconomic Policy, IMF, 12. Februar 2010.

Buiter, Willem H./Panigirtzoglou, Nikolaos: Overcoming the zero bound on nominal interest rates with negative interest on currency: Gesell's solution, *Economic Journal* 113 (490), S. 723–746, Oktober 2003.

Buiter, Willem H./Panigirtzoglou, Nikolaos: Liquidity Traps, Gesell's Solution; 31. März 1999, überarbeitet 31. Mai 2001 (http://willembuiter.com/gesell.pdf).

Bulow, Jeremy/Goldfield, Jacob/Klemperer, Paul: Market-based bank capital regulation, 29. August 2013.

Caesar, Rolf: Währungsreformen in Deutschland von 1870 bis 1945, Währungsreformen – 14. Symposium zur Bankengeschichte am 11. Juni 1991, Beiheft 21, hrsg. von: Der Wissenschaftliche Beirat des Instituts für bankhistorische Forschung e. V., Frankfurt 1991.

Christiano, Lawrence/Eichenbaum, Martin/Rebelo, Sergio: *When is the Government Spending Multiplier Large?*, Northwestern University, Dezember 2010.

Coibion, Oliver/Gorodnichenko, Yuriy/Wieland, Johannes: The Optimal Inflation Rate in New Keynesian Models: Should Central Banks Raise Their Inflation Targets in Light of the Zero Lower Bound?, *Review of Economic Studies* (2012).

Eggertsson, Gauti/Woodford, Michael: *The Zero Bound on Interest Rates and Optimal Monetary Policy*, International Monetary Fund, Princeton University, 26.06.2003.

Erhard, Ludwig: *Wohlstand für alle*, Düsseldorf 1964.

Eschbach, Andreas: *NSA – Nationales Sicherheits-Amt* (Roman), Köln 2018.

Farhi, Emmanuel/Aguiar, Mark/Amador, Manuel/Gopinath, Gita: Crisis and Commitment: Inflation Credibility and the Vulnerability to Sovereign Debt Crises, 2012.

Fisher, Irving: The Debt-Deflation Theory of Great Depressions, in: *Econometrica*, Oktober 1933, S. 337–357.

Flossbach, Bert/Vorndran, Philipp: *Die Schuldenlawine – eine Gefahr für unsere Demokratie, unseren Wohlstand und Ihr Vermögen*, München 2012.

Furher, Jeffrey C./Madigan, Brian: Monetary Policy When Interest Rates Are Bounded at Zero, Working Paper 94-1, 1994 Series (http://www.bostonfed.org/economic/wp/wp1994/wp94_1.pdf).

Deutsche Bundesbank (Hrsg.): *Geld und Geldpolitik*, Frankfurt 2014.

Gesell, Silvio: *Die natürliche Wirtschaftsordnung durch Freiland und Freigeld*, Les Hauts Geneveys 1916.

Goodfriend, Marvin: Overcoming the Zero Bound on Interest Rate Policy, *Journal of Money*, Credit, and Banking, November 2000.

Goodfriend, Marvin: Maintaining Low Inflation: Rationale and Reality, in: Santamero/Viotti/Vredin (Hrsg): *Challenges for Modern Central Banking*, Stockholm 2000; gekürzte Fassung in: Blejer, M./Ize, A./Leone, A./Werlang (Hrsg.): *Inflation Targeting in Practice. Strategic and Operational Issues and Application to Emerging Market Economies*, Washington, DC 2000.

Hahne, Peter: *Finger weg von unserem Bargeld! – Wie wir entmündigt werden*, Köln 2016.

Häring, Norbert: *Die Abschaffung des Bargelds und die Folgen – Der Weg in die totale Kontrolle*, Köln 2016.

Häring, Norbert: *Schönes neues Geld – PayPal, WeChat, Amazon Go – Uns droht eine totalitäre Weltwährung*, Frankfurt/New York 2018.

Hayek, Friedrich August von: *Der Weg zur Knechtschaft*, München 2003.

Höfert, Andreas: Die Hölle ist bargeldlos, *Die Weltwoche* 27/2014, weltwoche.ch.

Horstmann, Ulrich, Lutz, Ralph: *Digitale Knechtschaft – Wie wir von Konzernen und Staaten gesteuert werden*, München 2018.

Hülsmann, Jörg Guido: Der permanente Schuldenschnitt, *eigentümlich frei*, Jan./Feb. 2015.

James, Harold: *Der Rückfall. Die neue Weltwirtschaftskrise*, München 2003.

Jespersen, Jesper/Madsen, Mogens Ove (Hrsg.): *Keynes's General Theory for Today: Contemporary Perspectives*, Cheltenham 2012.

Kennedy, Paul: *Aufstieg und Fall der großen Mächte. Ökonomischer Wandel und militärischer Konflikt von 1500 bis 2000*, Frankfurt/M. 2005.

Keynes, John Maynard: *Allgemeine Theorie der Beschäftigung, des Zinses und des Geldes*, Berlin 2006.

Keynes, John Maynard: *Vom Gelde*, Berlin 1983.

Kirchhof, Paul: *Deutschland im Schuldensog. Der Weg vom Bürgen zurück zum Bürger*, München 2012.

Kirchhof, Paul: Verfassungsnot!, *Frankfurter Allgemeine Zeitung*, 12. Juli 2012, faz.net.

Kirchhof, Paul: Geldeigentum und Geldpolitik, *Frankfurter Allgemeine Zeitung*, 12. Januar 2014, faz.net.

Koller, Christine/Seidel, Markus: *Geld war gestern. Wie Bitcoin, Regionalgeld, Zeitbanken und Sharing Economy unser Leben verändern werden*, München 2014.

Konrad, Kai A./Zschäpitz, Holger: *Schulden ohne Sühne? Warum der Absturz der Staatsfinanzen uns alle trifft*, München 2010.

Krugman, Paul R.: *It's Baaack! Japan's Slump and the Return of the Liquidity Trap*, Massachusetts Institute of Technology 1998.

Le Bon, Gustave: *Psychologie der Massen*, Stuttgart 1982.

Lebow, David E./ Saks, Raven E./Wilson, Beth Anne: *Downward Nominal Wage Rigidity. Evidence from the Employment Cost Index, Finance and Economics Discussion Series 1999-31*, Board of Governors of the Federal Reserve System (U.S.).

Leuschel, Roland/Vogt, Claus: *Das Greenspan-Dossier. Wie die US-Notenbank das Weltwährungssystem gefährdet oder Inflation um jeden Preis*, München 2004.

Lusser, Andreas: *Einspruch! Warum unser Geld Privatsphäre verdient*, München 2014.

Mai, Heike: Bargeld, Freiheit und Verbrechen, Deutsche Bank Research, 12.01.2017.

Mai, Heike: Bargeld sorgt für besseren Datenschutz – und stärkt so den Einzelnen, Deutsche Bank Research, 18.07.2019.

Mankiw, Greg: More on Negative Interest Rates, 22. April 2009, http://gregmankiw.blogspot.de/2009/04/more-on-negative-interest-rates.html.

Mann, Gerald: Marktwirtschaftlich ausgerichtete Regulierung der Finanzmärkte, in: Lachmann, Werner/Haupt, Reinhard/Farmer, Karl (Hrsg.): *Die Krise der Weltwirtschaft. Zurück zur Sozialen Marktwirtschaft und die ethischen Herausforderungen auf dem Weg dahin*, Berlin 2011.

Marx, Karl: *Das Kapital. Kritik der politischen Ökonomie*, Stuttgart 1957.

Mayer, Thomas: *Die neue Ordnung des Geldes. Warum wir eine Geldreform brauchen*, München 2014.

Mills, Charles Wright: *Die amerikanische Elite*, Hamburg 1962.

Minsky, Hyman P.: *Can »It« Happen Again? Essays on Instability and Finance*, New York 1982.

Minsky, Hyman P.: *Stabilizing an unstable Economy*, Columbus 1986.

Minsky, Hyman P.: *John Maynard Keynes*, Marburg 2007. Neues Testament, Herder Verlag, Freiburg 1965.

Otte, Max: *Der Informationscrash. Wie wir systematisch für dumm verkauft werden*, Berlin 2009.

Otte, Max: *Rettet unser Bargeld!*, Berlin 2016.

Polleit, Thorsten: Weg mit dem Bargeld?, *eigentümlich frei*, Jan./Feb. 2015.

Rand, Ayn: *Capitalism: The Unknown Ideal*, New York 1986.

Rant, Diogenes: *Verzockte Freiheit. Wehrt euch! Politiker und Finanzeliten setzen unsere Zukunft aufs Spiel*, München 2014.

Reifschneider, David/Williams, John C.: *Three Lessons for Monetary Policy in a Low Inflation Era, Journal of Money*, Credit and Banking 32, Nr. 4, November 2000.

Reinhart, Carmen M./Rogoff, Kenneth S.: *Dieses Mal ist alles anders. Acht Jahrhunderte Finanzkrisen*, München 2010.

Reinhart, Carmen M./Rogoff, Kenneth S.: *Growth in a Time of Debt, American Economic Review*, Mai 2010.

Reinhart, Carmen M./Rogoff, Kenneth S.: *The Aftermath of Financial Crises*, Working Paper 14656, National Bureau of Economic Research, Cambridge 2009.

Reinhart, Carmen M./Rogoff, Kenneth S.: *Is the 2007 U.S. Sub-Prime Financial Crisis So Different? An International Historical Comparison*, 5. Februar 2008.

Rhodes, David/Stelter, Daniel: Back to Mesopotamia?, *BCG*, September 2011. Riedel, Stefan: Die Uhr tickt, Börse Online 15, 9. bis 15. April 2015.

Rogoff, Kenneth: Paper Money is Unfit for a World of High Crime and Low Inflation, *Financial Times*, 28. Mai 2014.

Rogoff, Kenneth: Costs and benefits to phasing out paper currency, Harvard University, Mai 2014, http://scholar.harvard.edu/files/rogoff/files/c13431.pdf.

Rogoff, Kenneth: *Globalization and Global Disinflation*, Jackson Hole 2003.

Rogoff, Kenneth: *Large banknotes: Will the euro go underground? Blessing or curse? Foreign and underground demand for euro notes*, April 1998, http://scholar.harvard.edu/files/rogoff/files/ep_1998.pdf.

Rogoff, Kenneth: *The Optimal Degree of Commitment to an Intermediate Monetary Target*, Quarterly Journal of Economics 100, November 1985.

Rogoff, Kenneth/Obstfeld, Maurice: Speculative Hyperinflations in Maximizing Models: Can We Rule Them Out?, *Journal of Political Economy 91*, August 1983.

Rothbard, Murray N.: *A History of Money and Banking in the United States.*

The Colonial Era to World War II, Auburn 2002.

Roubini, Nouriel/Mihm, Stephen: *Das Ende der Weltwirtschaft und ihre Zukunft*, Frankfurt 2010.

Salerno, Joseph T.: *Money, Sound and Unsound*, Auburn 2010.

Salerno, Joseph T.: Sweden's War on Cash Runs Into a Wall – and a Heroic Bank, 27. Dezember 2012.

Salerno, Joseph T.: *The International War on Cash*, 8. März 2013.

Seuss, Wilhelm: *Alles über Geld*, Köln 1996.

Schmidt, Sebastian: Fiscal Activism and the Zero Nominal Interest Rate Bound, EZB Working Paper Series Nr. 1653, März 2014.

Siedenbiedel, Christian: Angriff auf das Bargeld, *faz.net*, 17. Mai 2014.

Sinn, Hans-Werner: *Kasino-Kapitalismus. Wie es zur Finanzkrise kam und was jetzt zu tun ist*, Berlin 2009.

Sinn, Hans-Werner: *Die Target-Falle. Gefahren für unser Geld und unsere Kinder*, München 2012.

Sinn, Hans-Werner: *The EURO Trap. On Bursting Bubbles, Budgets, and Beliefs*, Oxford 2014.

Strittmatter, Kai: *Die Neuerfindung der Diktatur – Wie China den digitalen Überwachungsstaat aufbaut und uns damit herausfordert*, München 2018.

Szczeny, Alexander: Zukunft des Bezahlens. Bye-bye Bargeld, *Börse Online* 15, 9. bis 15. April 2015.

Teufel, Erwin/Mack, Winfried (Hrsg.): *Aus der Krise lernen. Auf dem Weg zu einer weltoffenen und humanen Gesellschaft*, Freiburg im Breisgau 2014.

vbw-Studie: *Die Krise im Euroraum nachhaltig überwinden*, Professor Clemens Fuest, ZEW Mannheim, 2014.

Weik, Matthias/Friedrich, Marc: *Der Crash ist die Lösung. Warum der finale Kollaps kommt und wie Sie Ihr Vermögen retten*, Köln 2014.

Williams, John C.: Monetary Policy at the zero lower bound. Putting Theory into practice, 16. Januar 2014, https://www.brookings.edu/wp-content/uploads/2016/06/16-monetary-policy-zero-lower-bound-williams.pdf

Woolford, Michael: *The Return of Monetary Rules*, Princeton 2003.

Wolman, Alexander L.: Real implications of the zero bound on nominal interest rates, Working Paper Series, WP 03-15, Dezember 2003, http://www.richmondfed.org/publications/research/working_papers/2003/ pdf/wp03-15.pdf.

Wolman, David: *The End of Money – Counterfeiters, Preachers, Techies, Dreamers – and the coming cashless society*, Boston 2012.

Anmerkungen

1 https://www.dnb.nl/nieuws/publicaties-dnb/dnb-working-papers-reeks/dnb-working-papers/Workingpapers2018/dnb379444.jsp
Randall Hanegraaf, Nicole Jonker, Steven Mandley, Jelle Miedema: »Life cycle assessment of cash payments«, Working Paper No. 610, De Nederlandsche Bank NV, October 2018, https://www.dnb.nl/binaries/Working%20paper%20No.%20610_tcm46-379441.pdf

2 »EZB stellt Produktion und Ausgabe der 500-€-Banknote ein«, Pressemeldung, https://www.ecb.europa.eu/press/pr/date/2016/html/pr160504.de.html

3 »Indiens Premier macht Banknoten schlagartig ungültig«, https://www.dw.com/de/indiens-premier-macht-banknoten-schlagartig-ung%C3%BCltig/a-36315110-0

4 »Regierung gibt nach Protesten Bargeld wieder frei«, faz.net, 18.12.2016 https://www.faz.net/aktuell/politik/ausland/venezuela-regierung-gibt-nach-protesten-bargeld-wieder-frei-14580643.html

5 https://www.faz.net/aktuell/finanzen/meine-finanzen/geld-ausgeben/obergrenze-fuer-anonyme-barzahlungen-15078388.html

6 https://www.riksbank.se/en-gb/payments--cash/e-krona/e-krona-reports/e-krona-project-report-1/

7 https://www.zeit.de/wirtschaft/unternehmen/2018-01/amazon-go-seattle-supermarkt-eroeffnung

8 »Venezuela startet eigene Kryptowährung Petro«, dw.com, 20.02.2018 https://www.dw.com/de/venezuela-startet-eigene-kryptow%C3%A4hrung-petro/a-42659387

9 https://www.faz.net/aktuell/finanzen/meine-finanzen/sparen-und-geld-anlegen/banken-in-der-krise-ebbe-an-indischen-geldautomaten-15555057.html

10 Ein PDF steht hier zur Verfügung: https://www.imf.org/en/Publications/WP/Issues/2018/08/27/Monetary-Policy-with-Negative-Interest-Rates-Decoupling-Cash-from-Electronic-Money-46076

11 https://www.dnb.nl/nieuws/publicaties-dnb/dnb-working-papers-reeks/dnb-working-papers/Workingpapers2018/dnb379444.jsp
Randall Hanegraaf, Nicole Jonker, Steven Mandley, Jelle Miedema: Life cycle assessment of cash payments, Working Paper No. 610, De Nederlandsche Bank NV, October 2018, https://www.dnb.nl/binaries/Working%20paper%20No.%20610_tcm46-379441.pdf

12 https://www.riksbank.se/en-gb/payments--cash/e-krona/e-krona-reports/e-krona-project-report-2/

13 https://www.bankofcanada.ca/wp-content/uploads/2018/10/sdp2018-12.pdf

14 Rede von Christine Lagarde (IWF-Chefin) auf dem Singapore Fintech Festival: »Winds of Change: The Case for New Digital Currency« https://www.imf.org/en/News/Articles/2018/11/13/sp111418-winds-of-change-the-case-for-new-digital-currency

15 https://blogs.imf.org/2019/02/05/cashing-in-how-to-make-negative-interest-rates-work/

16 https://www.welt.de/wirtschaft/article188528229/Bargeld-So-koennte-eine-stille-Enteignung-ueber-Negativzinsen-funktionieren.html

17 https://www.snb.ch/n/mmr/reference/working_paper_2019_02/source/working_paper_2019_02.n.pdf

18 https://www.nzz.ch/wirtschaft/usa-philadelphia-will-bargeld-nicht-verbieten-ld.1465450

19 https://www.cnbc.com/2019/06/17/facebook-announces-libra-digital-currency-calibra-digital-wallet.html

20 https://www.handelsblatt.com/meinung/kommentare/kommentar-der-100-euro-schein-ist-ein-problem-und-gehoert-abgeschafft/24515394.html?ticket=ST-23246465-SgAB7XvLCnff3tU3HW1Z-ap1

21 https://www.btc-echo.de/venezuela-maduro-will-petro-akzeptanz-der-nationalbank/

22 https://www.imf.org/en/Publications/fintech-notes/Issues/2019/07/12/The-Rise-of-Digital-Money-47097

23 https://www.ecb.europa.eu/press/pr/date/2019/html/ecb.mp190725~52d3766c9e.de.html

24 Killer's Security: Cyberwar und Cybergeld, br.de, 29.06.2019 https://www.br.de/nachrichten/netzwelt/sa-killer-s-security-cyberwar-und-cybergeld,RUflPsn

25 Stefan Schmitz: »Eine Ode an das Bargeld«, stern.de, 5. Oktober 2014.

26 »Weg mit dem Bargeld?«, eigentümlich frei, Januar/Februar 2015, S. 55.

27 Börse-Express (BE), 8. April 2015, http://www.boerse-express.com/pages-foonds/33614

28 https://ec.europa.eu/taxation_customs/sites/taxation/files/resources/documents/customs/customs_controls/cash_controls/leaflet_original.pdf

29 Vgl. Interview mit Niklas Arvidsson: »Total durchsichtig«, brandeins, Ausgabe 08/2013.

30 Highlights: »Greek FinMin unveils tax reform, wage policy«, Reuters, 9. Februar 2010.

31 http://www.auswaertiges-amt.de/DE/Laenderinformationen/00-SiHi/ItalienSicherheit.html?nn=332636 und http://www.rom.diplo.de

32 Todd White: »Spanien verbietet Barzahlung über 2.500 Euro – gegen Steuerbetrug«, 20. November 2012, welt.de.

33 Details zu der Regausland/belgien-gesetzesaenderung-beim-bargeldverkehr/ oder auch für andere Staaten: http://www.eu-verbraucher.de/de/verbraucherthemen/bezahlen-in-der-eu/ bezahlen-im-ausland/hoechstgrenzen-fuer-bargeldzahlungen/?type=270.

34 »France steps up monitoring of cash payments to fight ›low-cost terrorism‹«, Reuters, 18. März 2015.

35 Christine Rütlisberger: »Bargeld soll künftig besteuert werden«, Kopp. Spezial 43/12, http://unsere-verantwortung.info/?p=46.

36 Christian Siedenbiedel: »Angriff auf das Bargeld«, faz.net, 17. Mai 2014.

37 Zitiert aus Niels Reise: »Kampf um die schwedische Krone: Böses Bargeld«, Spiegel Online, 3. Juni 2010.

38 Jeweils zitiert aus Spiegel Online, 3. Juni 2010.

39 Psychologie der Massen, S. 23.

40 Vgl. Andreas Höfert: »Die Hölle ist bargeldlos«, Die Weltwoche, Ausgabe 27/2014, weltwoche.ch.

41 Franz Solms-Laubach/Fritz Esser: »Deutsche sollen im Sparstrumpf sparen!«, bild.de, 12. Oktober 2014.

42 focus.de, 5. Dezember 2014.

43 focus.de, 9. April 2015.

44 Franz Solms-Laubach/Fritz Esser: »Deutsche sollen im Sparstrumpf sparen!«, bild.de, 12. Oktober 2014.

45 Wladmimir Iljitsch Uljanow, genannt Lenin, zitiert aus Thomas Polleit/Michael von Prollius: Geldreform, 2010, S. 3.

46 Kenneth Rogoff: »Paper money ist unfit for a world of high crime and low inflation«, FT.com, 28. Mai 2014.

47 Andreas Höfert: »Die Hölle ist bargeldlos«, Die Weltwoche, Ausgabe 27/2014, weltwoche.ch.

48 »Die Hölle ist bargeldlos«, Die Weltwoche, Ausgabe 27/2014, weltwoche.ch.

49 Spiegel Online, 3. Juni 2010.

50 Zitiert aus Christian Siedenbiedel: »Angriff auf das Bargeld«, faz.net, 17. Mai 2014.

51 Stefan Riedel: »Die Uhr tickt«, Börse Online 15, 9. April 2015/15. April 2015, S. 16–17.

52 Einspruch, S. 105 f.

53 Der Crash ist die Lösung, S. 256.

54 https://www.markt-intern.de/branchenbriefe/steuern-mittelstand/mittelstand/mi-2019-11/zahl-der-kontenabrufe-2018-auf-fast-eine-million-gestiegen/

55 »Zahl der Kontenabfrage durch Ämter mehr als verdoppelt«, n24.de, 10. April 2015.

56 Wohlstand für alle, 1964, S. 74.

57 Einspruch, S. 14 f.

58 welt.de, 28. Oktober 2014.

59 Vgl. taz.de, 29. Oktober 2014.

60 Einspruch, S. 45 ff.

61 Aufzeichnungen aus einem Totenhaus.

62 Christian Siedenbiedel: »Angriff auf das Bargeld«, faz.net, 17. Mai 2014.

63 Marcus Tullius Cicero, 106 v. Chr. – 43 v. Chr.

64 Cost and benefits to phasing out paper currency, 2014, S. 3.

65 Christa Bähr, Ansätze zu einer Theorie der Währungsreform, 1994, S. 12.

66 Vgl. Caesar, Währungsreformen, 1992, S. 13.

67 Vgl. Christa Bähr, Ansätze zu einer Theorie der Währungsreform, 1994, S. 13.

68 Vgl. Christa Bähr, Ansätze zu einer Theorie der Währungsreform, 1994, S. 14 f.

69 Carmen M. Reinhart/Kenneth S. Rogoff: Dieses Mal ist alles anders, S. 75, S. 107.

70 Carmen M. Reinhart/Kenneth S. Rogoff: »Growth in a Time of Debt«, in: American Economic Review, Mai 2010.

71 Angaben zu den Währungsreformen meist anhand von Christa Bähr: Ansätze zu einer Theorie der Währungsreform, S. 187 ff.

72 Quellen: C. M. Reinhart/K. S. Rogoff: Dieses Mal ist alles anders, S. 269 f. und 274 f., Christa Bähr: Ansätze zu einer Theorie der Währungsreform, S. 187 ff.

73 Quelle: C. M. Reinhart/K. S. Rogoff: Dieses Mal ist alles anders, S. 269 f. und 274 f.

74 Christine Koller/Markus Seidel: Geld war gestern, S. 40.

75 Vgl. John Maynard Keynes: Allgemeine Theorie, S. 302.

76 Dazu sehr lesenswert: Max Otte: Der Informationscrash.

77 Stefan Schmitz: »Eine Ode an das Bargeld«, stern.de, 5. Oktober 2014.

78 Deutsche Bundesbank, Rede von Carl-Ludwig Thiele, Mitglied des Vorstands der Deutschen Bundesbank, zum 2. Bargeldsymposium der Deutschen Bundesbank am 19. Mai 2014.

79 Dazu: http://www.spiegel.de/wirtschaft/merkel-und-steinbrueck-im-wortlaut-diespareinlagen-sind-sicher-a-582305.html.

80 »Halvers Woche«, Halvers Kapitalmarkt Monitor, 28. November 2014.

81 Vgl. Andreas Oswald: »US-Ökonom Larry Summers will Bargeld abschaffen, damit Staat und Banken besseren Zugriff haben«, spiegel.de, 13. Januar 2014.

82 In Blogs, http://blog.supplysideliberal.com/post/60337533206/the-path-toelectronic-money-as-a-monetary-system.

83 Reinhart und Rogoff, 2009.

84 Abrufbar unter http://www.shadowstats.com/charts/monetary-base-money-supply.

85 Vgl. die Veröffentlichungen von Robert J. Barro.

86 Bagnall et al., 2014.

87 »Halvers Woche«, Halvers Kapitalmarkt Monitor, 28. November 2014.

88 »Nie wieder wirklich hohe Zinsen«, 6. März 2015, http://www.handelsblatt.com/ finanzen/anlagestrategie/trends/robert-halver-im-interview-nie-wieder-wirklichhohe-zinsen.

89 Jörg Guido Hülsmann: »Der permanente Schuldenschnitt«, eigentümlich frei, Jan./ Feb. 2015, S. 54.

90 Die neue Ordnung des Geldes, S. 190.

91 Wilhelm Seuss, Alles über Geld, Köln 1996, S. 240 f.

92 Wohlstand für alle, S. 251 f.

93 Wohlstand für alle, S. 12, Handelsblatt Edition, Düsseldorf 2014.

94 Wohlstand für alle, S. 8, Handelsblatt Edition, Düsseldorf 2014.

95 »Geldeigentum und Geldpolitik«, FAZ, 13. Januar 2014, S. 7.

96 Ibid.